Projektmanagement-Outsourcing

Gerhard Ortner

Projektmanagement-Outsourcing

Chancen und Grenzen erkennen

 Springer Gabler

Gerhard Ortner
Projektmanagement und Organisation
FH des bfi Wien
Wien
Österreich

ISBN 978-3-662-45008-6   ISBN 978-3-662-45009-3 (eBook)
DOI 10.1007/978-3-662-45009-3

Die Deutsche Nationalbibliothek verzeichnet diese Publikation in der Deutschen Nationalbibliografie; detaillierte bibliografische Daten sind im Internet über http://dnb.d-nb.de abrufbar.

Springer Gabler
© Springer-Verlag Berlin Heidelberg 2015

Lektoratskontakt: Michael Bursik, Assistenz: Janina Sobolewski

Gedruckt auf säurefreiem und chlorfrei gebleichtem Papier

Springer Gabler ist eine Marke von Springer DE. Springer DE ist Teil der Fachverlagsgruppe Springer Science+Business Media
www.springer-gabler.de

Gewidmet Christian Malus, dem es ver-
wehrt blieb an diesem Buch selbst mitzu-
arbeiten.

Vorwort

Menschen mit einer neuen Idee gelten solange als Spinner, bis sich die Sache durch-
gesetzt hat. – Mark Twain (1835–1910), US-amerikanischer Schriftsteller

Prof. Dr. Gerhard Ortner ist gemäß Mark Twain ein Spinner! Wahrscheinlich war
er schon immer einer, aber dennoch bin ich froh und stolz darauf, ihn 2010 davon
überzeugt zu haben, dies öffentlich zu machen. Doch dazu gibt es eine Historie,
die mit diesem Buch *kein* vorläufiges Ende findet, denn zukünftige konkrete An-
wendungsfällen und Praxisberichte sollen diesem Werk folgen.

Wir sind umgeben von Chancen – aber sie existieren erst, wenn man sie erkennt. –
Edward de Bono (*1933), britischer Psychologe und Schriftsteller

Und da betreten Sie, hochgeehrter Leser, hochgeehrte Leserin die Bühne. Offensichtlich konnten wir Ihre Aufmerksamkeit erlangen, denn sonst würden Sie nicht
dieses Vorwort lesen. Wollen Sie auch zu uns „Spinnern" gehören, die davon überzeugt sind, dass unter bestimmten Voraussetzungen strategisches Outsourcing ge-
samter Projektmanagementdisziplinen möglich ist, und dies in Ihrem Unternehmen umsetzen? Oder sind Sie vielleicht schon am „spinnen", haben dies bereits
umgesetzt und wollen Ihre Erfahrungen mit uns und anderen Interessierten teilen?
Zögern Sie bitte nicht mit uns in Kontakt zu treten.

Was keiner wagt, das sollt Ihr wagen. Was keiner sagt, das sagt heraus. Was keiner
denkt, das wagt zu denken. Was keiner anfängt, das führt aus. – Johann Wolfgang von
Goethe (1749–1832), aus Der Zauberlehrling

Aber nun zurück zu den Anfängen. „Spinner" war nicht unbedingt immer genau
die Charakterisierung als ich mit der Idee jonglierte einzelne Projektmanagementdisziplinen nach außen zu geben. Der erster Austausch zum Thema mit fachkundi-
gen Freunden und Bekannten erbrachte gutgemeinte Reaktionen wie „vergiss es",
„praktisch unmöglich", „nette Idee, aber...". Eigentlich hätte ich die ganze Sache

wegen mangelnder Erfolgsaussicht fallen lassen sollen, aber dann geschah etwas Unerwartetes. Einem guten Freund, zu dieser Zeit Projektleiter bei einer Schweizer Großbank, erzählte ich von den fruchtlosen Bemühungen. Mit Erstaunen durfte ich zur Kenntnis nehmen, dass in dieser Bank nicht nur ähnliche Überlegungen angestellt wurden, sondern diesbezüglich sogar ein konkretes Projekt am Laufen war und besagter Freund, nicht ganz freiwillig, als Projektleiter benannt war. Große Skepsis herrschte seinerseits den Projekterfolg betreffend, da er dort die notwendigen Voraussetzungen für einen solchen Schritt nicht gegeben sah (zu Recht wie sich im Nachhinein herausstellte). Mitstreiter Nummer eins („Spinner" Nummer zwei) war gefunden, dazu noch ein Freund, persönlich betroffen und in ein konkretes Projekt involviert. Glücklicher Tag für uns beide.

> Der Idealismus wächst mit der Entfernung vom Problem. – John Galsworthy (1867–1933), englischer Schriftsteller und Dramatiker, Nobelpreisträger für Literatur

So analysierten und diskutierten wir ganze Tage über mögliche Gründe für einen potentiellen Misserfolg aber auch Bedingungen für eine erfolgreiche Durchführung dieses Vorhabens. Unsere Bemühungen endeten aber im Wesentlichen immer an denselben Fragestellungen: Welche der identifizierten möglichen Einflussfaktoren sind unternehmensspezifisch und welche generalisierbar? Existieren weitere Faktoren, die sich aus dem Fallbeispiel nicht ableiten lassen? Sind die Faktoren spezifisch genug beschreibbar, ohne ins Triviale abzugleiten? Gibt es bereits Erfahrungsberichte oder Untersuchungen zu diesem Thema?

> Von jeder wirklich neuen Idee fühlen sich die Leute angepisst. – Tom Peters (*1942), US-amerikanischer Unternehmensberater und Autor

Nächster logischer Schritt war also Literaturrecherche mit einem für uns ziemlich überraschenden Ergebnis: jede Menge Bücher und Fachartikel zu strategischem Outsourcing von Dienstleistungen im allgemeinen und besonderen, aber nichts (in Zahlen: nichts) zum Thema strategisches Outsourcing von Projektmanagementaktivitäten. Daher also weitere Mitstreiter/Interessierte bei Fachverbänden und in Foren suchen, was ohne nennenswerte Reaktion blieb. Nächster Versuch um Aufmerksamkeit für das Thema zu erlangen: Versenden kurzer Artikel an Verlage und Fachpublikationen, mit der Bitte um Veröffentlichung, die aber ohne Ausnahme wegen „mangelnder Relevanz des Themas" respektive „Unwissenschaftlichkeit" abgelehnt wurden, sofern überhaupt eine Reaktion erfolgte.

> Alles, was man im Leben braucht, sind Ignoranz und Selbstvertrauen. – Mark Twain (1835–1910), US – amerikanischer Schriftsteller

Wie erhält man das Siegel der „Wissenschaftlichkeit"? Allemal über die Beteiligung von Wissenschaftlern. Demzufolge wurden Universitäten und Fachhochschulen mit Bezug zu Projektmanagement angeschrieben und die Idee und deren Weiterentwicklung beworben. Sie geneigter Leser mögen sich fragen, wann endlich der Autor dieses Buches die Bühne betritt. Nur noch ein klein wenig Geduld, denn auch dieser Schritt brachte noch keinen Erfolg. Der hielt aber Einzug mit der Nutzung einem bekannten sozialen Netzwerk für berufliche Kontakte. Dem dort lancierten Aufruf folgten 2010 zwei nette Herren der FH des bfi Wien – Prof. Christian Malus, der leider ein Jahr später verstarb und Dr. Gerhard Ortner, Autor dieses Buches.

> Der Gebildete treibt die Genauigkeit nicht weiter, als es der Natur der Sache entspricht. – Aristoteles (384–322 v. Chr.), griechischer Philosoph

Bereits nach unserem ersten Zusammentreffen stand fest, dass wir das Thema gemeinsam (vier „Spinner") weiter bearbeiten wollen. Im Zuge gegenseitiger Besuche folgten Diskussionen über Ziele, Umfang, Finanzierung und Vorgehen, die in einem Umsetzungsplan mündeten. Dieser Plan sah drei Stufen vor:

1. Empirische Überprüfung unserer Thesen mittels Onlinebefragungen und Experteninterviews,
2. Entwicklung eines konkreten Anwendungsmodells (organisatorische Voraussetzungen und Tauglichkeit von PM-Aktivitäten) basierend auf den empirischen Ergebnissen
3. Konkrete Anwendung des Modells in mindestens einer Unternehmung

> Es gibt keine Lösungen im Leben. Es gibt Kräfte in Bewegung: die muss man schaffen; die Lösungen folgen nach. – Antoine de Saint-Exupery (1900–1944), französischer Schriftsteller und Flieger

Unsere Studienergebnisse haben wir in verschiedenen Artikeln zusammengefasst und Fachkreisen, als auch Unternehmen vorgestellt. Darüber hinaus hatten wir 2011 in Wien und St. Petersburg Gelegenheit unsere Zwischenergebnisse im PMUni Netz, einem internationalen Verbund von Universitäten und Fachhochschulen mit PM-Studiengängen, zu diskutieren und deren wertvolle Anmerkungen in unsere Überlegungen aufzunehmen. 2012 wurden wir nach Zürich zum IPMA-Expertseminar eingeladen, wo wir in einem eigenen Stream zwei Tage lang unsere Erkenntnisse und Gedanken mit Fachleuten aus über 30 Ländern diskutieren und weiter entwickeln konnten. Mittlerweile wurden auch zwei Diplomarbeiten geschrieben, die sich auf unsere Forschung stützen. In der einen wird die Frage untersucht, welche spezifischen Anwendungsmöglichkeiten des PM-Outsourcings in kleineren und mittleren Unternehmen bestehen und in der anderen wird der Frage nach den betrieblichen Voraussetzungen detailliert nachgegangen. Eine dritte

Arbeit zu Einsatzmöglichkeiten bei einem projektorientierten IT-Dienstleister ist gerade im Entstehen.

Lang ist der Weg durch Lehren, kurz und wirksam durch Beispiele. – Lucius Annaeus Seneca (1–65 n. Chr.), römischer Philosoph, Dramatiker, Naturforscher, Staatsmann und Stoiker

Wäre die Geschichte hier zu Ende erzählt, fehlte Wichtiges, denn die konkrete Anwendung unseres Modells wartet weiterhin auf unsere Unterstützung. Obwohl schon sehr konkrete Vorhaben zur Umsetzung mit Firmen stattfanden, so wurden diese aus verschiedensten Gründen immer wieder verschoben bzw. auf Eis gelegt. Sollten Sie lieber Leser, liebe Leserin durch dieses Buch angeregt werden solches in Ihrem Unternehmen in Bewegung zu bringen, lassen Sie es uns (rechtzeitig) wissen! „Spinnen" Sie mit! It's kind of fun to do the impossible, sagte Walt Disney.

Man entdeckt keine neuen Erdteile, ohne den Mut zu haben, alte Küsten aus den Augen zu verlieren. – Andre Gide (1869–1951), französischer Schriftsteller

Auch dieses Vorwort endet mit einem Ausblick, denn dieses Thema ist gerade erst am Anfang. Warum eigentlich nur operatives Projektmanagement outsourcen. Warum nicht auch Project Management Offices (PMO)? Und was spricht für bzw. gegen das Outsourcing von Projektportfoliomanagement?

Sie dürfen mich gerne an den öffentlichen Pranger stellen, sollte mit diesem Buch nicht der Anfang zu einer ganzen Reihe von Arbeiten zu diesem Thema gemacht werden.

Rüdiger Geist, PMP, zSPM

Inhaltsverzeichnis

Abkürzungsverzeichnis

BPO	Business Process Outsourcing
CBV	Competence-Based View
CPM	Critical Path Methode
IPMA	International Project Management Association
ISO	International Organization for Standardization
IT	Informationstechnik
KMU	Klein- und Mittelunternehmen
KPI	Key-Performance Indicator
KPO	Knowledge Process Outsourcing
PERT	Program Evaluation and Review Technique
PM	Projektmanagement
PMA	Projektmanagement Austria, österreichische Landesorganisation der IPMA
PMI	Project Management Institute
PMO	Projektmanagement-Office
PSC	Project Score Card (vergleichbar mit einer Balanced Score Card)
PSP	Projektstrukturplan (auch WBS für Work Breakdown Structure)
RBV	Resource-Based View
SLA	Service Level Agreement
TKT	Transaktionskostentheorie
WBS	Work Breakdown Structure (= PSP)

Abbildungsverzeichnis

Einleitung

Das Thema Outsourcing hat in den letzten zwei Jahrzehnten nicht nur im wirtschaftlichen Alltag in vielen Branchen einen großen Aufschwung erfahren, sondern ist in einer immer größer werdenden Anzahl von Publikationen mit praktischen, aber auch theoretischen Aspekten vertreten. Ganz prominent sei hier z. B. auf den Bereich des IT-Outsourcings verwiesen, zu dem schon umfangreiche Literatur entstanden ist.

Betrachtet man Outsourcing gemeinsam mit Projektmanagement, wird sichtbar, dass sich viele Outsourcing-Bestrebungen mehr oder weniger intensiv der Techniken des Projektmanagements bedienen. Es wird oft über Outsourcing-Projekte oder das Outsourcen von Projekten gesprochen bzw. geschrieben.

Bei Ersterem „verpacken" Unternehmen die Umsetzungsmaßnahmen ihrer Outsourcing-Bestrebungen in Projekte, um mit Hilfe der Methoden und Techniken, die das Projektmanagement bereitstellt, diese Outsourcing-Vorhaben effizient und effektiv umzusetzen. Im zweiten Fall werden betriebliche Vorhaben, die durch Projekte umgesetzt werden sollen, an Dritte abgegeben.[1]

In jüngster Zeit scheint sich aber auch eine weitere Entwicklung im Dunstkreis von Outsourcing und Projektmanagement abzuzeichnen. Unternehmen beschäftigen sich damit, auch Projektmanagementaktivitäten outzusourcen oder zumindest darüber nachzudenken, welche einzelnen Prozesse sich im Projektmanagement für die Erfüllung durch Dritte eignen würden.[2] Zu diesem Ansatzpunkt gibt es aber durchaus unterschiedliche Meinungen und Argumente unter PraktikerInnen, WissenschaftlerInnen, ProjektleiterInnen und Managementverantwortlichen.

Da sich gezeigt hat, dass gerade aus dem Bereich der PraktikerInnen hier schon einiges an Überlegungen angestellt wurde bzw. erste Umsetzungen erfolgt sind,

---

[1] Für eine genauere Definition der Begriffe rund um Outsourcing siehe Abschn. 1.3.
[2] vgl. Kreindl et al. (2012).

die wissenschaftliche Community dieses Themenfeld bisher aber praktisch noch nicht besetzt hat, soll dieses Buch erste Überlegungen, Ansätze und mögliche Vorgangsweisen thematisieren, Vor- und Nachteile diskutieren, notwendige Rahmenbedingungen aufzeigen und versuchen, das Themengebiet sinnvoll für weitere Diskussionen aufzubereiten.

Zunächst soll aber eine Übersicht zu der mittlerweile schon recht umfangreichen **Begriffswolke Outsourcing** geschaffen werden, um ein besseres Verständnis für die folgenden Überlegungen zu schaffen zu.

Literatur

Kreindl, E., Ortner, G., & Schirl, I. (2012). Outsourcing von Projektmanagement-Aktivitäten, Studie an der FH des bfi Wien. http://www.fh-vie.ac.at/Forschung/Publikationen/Studien/Outsourcing-von-Projektmanagement-Aktivitaeten. Zugegriffen: 1. Sept. 2014.

Begriffsübersicht Outsourcing

1

Wo Informationen fehlen, wachsen die Gerüchte.
(Alberto Moravia (1907–1990), italienischer Schriftsteller).

Zum Einstieg in den Themenbereich Outsourcing ist es wichtig, sich zunächst einen Durchblick im „Dschungel" von Begriffen und Schlagworten zu verschaffen. Es hat sich in den letzten Jahrzehnen eine große Menge sehr ähnlicher Begriffe eingeschlichen, die zuerst einmal geklärt und zusammengeführt werden sollen. Auch grundlegende Überlegungen, Abgrenzungen und Gliederungsaspekte sollen am Beginn einer Diskussion kurz betrachtet werden, um später besser und klarer an Themen im Bereich Outsourcing von Projektmanagementaktivitäten herangehen zu können.

1.1 Grundlagen des Outsourcings

Bereits zur **Herkunft des Begriffes** Outsourcing gibt es in der Literatur unterschiedliche Meinungen. Am weitesten verbreitet ist die Auffassung, dass der Terminus „Outsourcing" sich aus den Worten „outside", „resource" und „using" zusammensetzt und demnach die Nutzung externer Ressourcen bedeutet (vgl. Ilten 2010, S. 4).

Outsourcing wurde bis in die späten 1980er-Jahre nicht explizit als eigene Managementstrategie behandelt. Dennoch haben auch vorher viele Unternehmen nicht vollkommen unabhängig gewirtschaftet und bestimmte Dienstleistungen von anderen bezogen. Die erste bewusste Auseinandersetzung mit Outsourcing im

© Springer-Verlag Berlin Heidelberg 2015
G. Ortner, *Projektmanagement-Outsourcing,*
DOI 10.1007/978-3-662-45009-3_1

praktischen ebenso wie im theoretischen Kontext wird immer wieder auf die Entscheidung von Eastman Kodak im Jahr 1989 zurückgeführt, seine Datenverarbei-
tung und Kommunikationsnetze an DEC, IBM und Businessland zu übertragen.
Mit Beginn der 1990er-Jahre wurde das Outsourcen von Supportprozessen zunehmend populär. Vor allem Kostensenkungsaspekte spielten bei solchen Maßnehmen
eine tragende Rolle.

Das zugrundeliegende Element von Outsourcing ist Arbeitsteilung, die stets
den Aspekt der Zusammenarbeit beinhaltet (vgl. Gründer 2011, S. 19). Lange Zeit
wurde dabei der Grundsatz verfolgt, dass kein Unternehmen seine Kernkompetenzen, die ihm seine strategischen Wettbewerbsvorteile verschaffen bzw. als Al-
leinstellungsmerkmale wirken, an Dritte abgeben sollte (vgl. Oshri et al. 2011,
S. 52). In jüngster Zeit wird aber immer stärker über strategische Partnerschaften
nachgedacht, um ein Gesamtergebnis (für den Kunden) weiter zu verbessern. Es
wird dabei nicht mehr so stark zwischen Kern- und anderen Geschäftsprozessen
unterschieden.

Ziel von Outsourcing ist es:

bestimmte Produkte oder Dienstleistungen (durch eigene Unternehmensprozesse)
nicht mehr selbst herzustellen, sondern auf ein Dienstleistungsunternehmen zu übertragen, das die geforderten Leistungen wirtschaftlicher erbringt als das outsourcende
Unternehmen (Söbbing 2002, S. 21).

Eine mehrdimensionale Definition von Outsourcing liefern Bravard und Morgan:

- Outsourcing ist die vertragliche Nutzung und **gewinnbringende Ausschöpfung**
  von Ressourcen, Vermögenswerten und Kompetenzen Dritter.
- Outsourcing bietet **garantierte Leistungsstandards** hinsichtlich Qualität, Stabilität, Kosten-Nutzen-Kriterien und deren Messung.
- Outsourcing hat das Ziel, Leistungen zu erbringen, die **zuvor unternehmens-
  intern erbracht** wurden.
- Outsourcing erfordert möglicherweise den **Transfer** eines Teils der **Mitarbeiter**
  an den externen Leistungserbringer
- und/oder eine **Transformation**/Verjüngung der administrativen Prozesse und
  Technologien. (Bravard und Morgan 2009, S. 25)

Prinzipiell können drei unterschiedliche theoretische Ansätze mit Outsourcing in
Verbindung gebracht werden:

- die Transaktionskostentheorie,
- der Resource-Based View und
- der Competence-Based View.

Die **Transaktionskostentheorie** (TKT) von R. H. Coase verfolgt das Ziel, jene Bedingungen zu identifizieren, unter denen Unternehmen entscheiden, ob sie Leistungen fremd beziehen sollen, wobei die beste Alternative hauptsächlich auf Basis des Kostenvergleichs identifiziert wird (vgl. Dibbern et al. 2007, S. 8 ff.). Die Kosten der Verlagerung (Transaktion) sollten dabei nicht höher liegen als die Kostenreduzierung für das Unternehmen selbst (vgl. Niebling 2006, S. 12). Dabei sind neben monetären Kosten für Outsourcing auch Arbeits- oder Zeitaufwand und somit eine zusätzliche Bindung von Ressourcen als Kostenfaktoren mit zu berücksichtigen (vgl. Oppenauer 2007, S. 30).

Der **Resource-Based View** (RBV) unterstellt, dass Unternehmen individuelle Wettbewerbsvoraussetzungen haben, welche nachhaltig sind (vgl. Ilten 2010, S. 14). Unternehmenseigene Ressourcen sind dabei Voraussetzung für die Schaffung eines nachhaltigen Wettbewerbsvorteils. Demnach besteht beim Outsourcen von Leistungen das Risiko, den eigenen Wettbewerbsvorteil einzubüßen. Im Gegensatz zum ökonomischen Effizienzkriterium der TKT verfolgt der RBV das Ziel, mittels ressourcenorientierter strategischer Entscheidungen neue Wettbewerbsvorteil zu erlangen. Die optimale Nutzung von unternehmensinternen Ressourcen ist in diesem Ansatz das entscheidende Kriterium für den wirtschaftlichen Erfolg eines Unternehmens (vgl. Döpfer 2008, S. 8). Dabei sollte sich das Unternehmen auf seine Kernkompetenzen konzentrieren und festgestellte Kompetenzlücken durch Zukauf von externen Ressourcen aufzufüllen versuchen, wobei dies die Gefahr in sich birgt, dass relativ wichtige Ressourcen dem Unternehmen verloren gehen und die Arbeitsqualität des Leistungserbringers den Ansprüchen des outsourcenden Unternehmens nicht genügt.

Der **Competence-Based View** (CBV), welcher auf dem RBV basiert, verweist dagegen auch auf unternehmensexterne Ressourcen als mögliche Quelle für die Generierung von Wettbewerbsvorteilen (vgl. Döpfer 2008, S. 16).

Um outsourcinggeeignete Leistungen identifizieren zu können, kann die von Ilten entwickelte Outsourcing-Entscheidungsmatrix herangezogen werden (Abb. 1.1):

Die Frage nach „Make or Buy?" haben sich Unternehmen, nach erfolgter Analyse ihrer Kernkompetenzen, zunehmend seit den 1980er-Jahren gestellt. Demnach entscheiden der Wert einer Ressource sowie der Unsicherheitsfaktor über „**Make-or-Buy**". Hohe Sicherheit und geringer Wert einer Ressource würden demnach zu einer Einkaufsentscheidung der Dienstleistung führen.

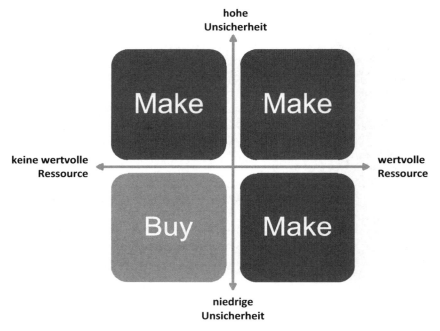

Abb. 1.1 Outsourcing-Entscheidungsmatrix. (Ilten 2010, S. 20)

1.2   Dimensionen von Outsourcing

Internes vs. externes Outsourcing

Beim internen Outsourcing kann zunächst differenziert werden zwischen dem **unternehmensinternen Outsourcing,** unter dem die Auslagerung von Diensten in eine eigene Abteilung verstanden wird, sowie dem **konzerninternen Outsourcing.** Letzteres, auch als Spin-Off bezeichnet, meint die Konzentration von Service-Aktivitäten in einem Tochterunternehmen.

Externes Outsourcing dagegen bedeutet das Auslagern von Tätigkeiten an einen **unternehmensexternen Leistungserbringer.** Outsourcing wird dabei verstanden als die Möglichkeit, Unternehmensfunktionen und Prozesse durch die Beauftragung von externen (nicht mit dem Unternehmen verbundenen) Dienstleistern mit Leistungen, die zuvor durch unternehmensinterne Funktionsträger erbracht wurden, (auf Dauer) zu optimieren (Definition nach Kreindl et al. 2012, S. 59).

Totales vs. partielles Outsourcing

Bei einem ‚Totalen Outsourcing' bzw. ‚Strategischen Outsourcing' wird der Großteil einer bestimmten Business-Aktivität im Sinne eines Teilbetriebs von einem Outsourcing-Anbieter ausgelagert (Mayer und Söbbing 2004, S. 20).

Von **partiellem oder selektivem Outsourcing** dagegen spricht man, wenn der potenzielle Outsourcing-Kunde nur einen Teilbereich oder eine Teilaufgabe fremd vergeben möchte (vgl. Oppenauer 2007, S. 17). Dies kann auch als **Outtasking** bezeichnet werden. So können die Kosten gesenkt werden, während die Kontrolle über sämtliche Entscheidungsprozesse beim Unternehmen verbleibt. Unternehmen wie beispielsweise CISCO haben die Vorteile von Outtasking wie folgt beschrieben:

> At its heart, Strategic Out-Tasking empowers enterprises to retain final ownership and accountability for business outcomes, even when they partner on specific operations (Brownell et al. 2006, S. 4).

Das Outtasking ermöglicht es den Unternehmen, outgetaskte Prozesse weiterhin zu steuern und so auch proaktiv Veränderungen herbeizuführen. Unternehmen können durch das strategische Auslagern von spezifischen Services langfristige Wettbewerbsvorteile erzielen, anstatt ganze Funktionen zur Kostenreduzierung auszulagern:

> By moving from cost takeout to adding business value, and from outsourcing complete business functions to a more discriminating service delivery process, enterprises will change both what outsourcers deliver and how they deliver it. (Brownell et al. 2006, S. 6; Abb. 1.2)

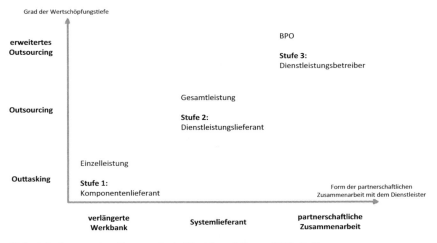

Abb. 1.2 Outsourcing-Formen. (vgl. Dittrich und Braun 2004, S. 8)

1.3 Begriffswolke Outsourcing

In den letzten 25 Jahren hat sich eine Vielzahl von Begriffen im Themenkreis von Outsourcing gebildet. Die dabei entstandene Begriffswolke soll im Folgenden kurz betrachtet werden, und dabei sollen einzelne Bereiche voneinander abgegrenzt bzw. die Unterschiede kurz beleuchtet werden (Abb. 1.3).

In diesem Begriffsdschungel sind mehrere Differenzierungsmerkmale erkennbar (vgl. u. a. Talgeri 2010, S. 26; oder Hermes und Schwarz 2005, S. 26):

- nach dem Standort,
- nach der Unternehmenszugehörigkeit,
- nach dem Leistungsumfang,
- nach zeitlichen Aspekten und
- nach der Anzahl von Leistungserbringern.

Offshoring
Verlagerung von Leistungen in ein weit entferntes Land. Meistens werden Leistungen aus Kostengründen in ein Niedriglohnland (derzeit v. a. nach Asien) verlagert (vgl. z. B. Hermes und Schwarz 2005, S. 34; oder Soysal 2010, S. 19). Die Leis-

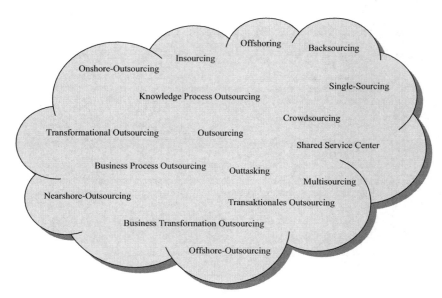

Abb. 1.3 Begriffswolke Outsourcing

tung kann dabei auch von einer Niederlassung bzw. einem Tochterunternehmen erbracht werden. In diesen Fällen spricht man auch von internem Offshoring (vgl. z. B. Ebert 2006, S. 13, Oshri et al. 2011, S. 7 f.).

Onshore-Outsourcing
Der Service Provider wird im Heimatland gesucht, damit werden v. a. kulturelle und rechtliche Risiken in der Zusammenarbeit minimiert (vgl. z. B. Ebert 2006, S. 13).

Nearshoring-Outsourcing
Der Service-Provider kommt aus einem Nachbarland. Kurze Wege, gleiche Zeitzone und ähnlicher kultureller Background werden als Vorteile gesehen (vgl. z. B. Ebert 2006, S. 13).

Offshore-Outsourcing
Siehe auch Offshoring, es wird jedenfalls ein externer Service-Provider mit den Dienstleistungen betraut.

Insourcing
(Neue) Leistungen, die bisher nicht vom eigenen Unternehmen erbracht wurden, werden in das Leistungsspektrum aufgenommen (vgl. z. B. Hermes und Schwarz 2005, S. 34, oder Talgeri 2010, S. 29).

Backsourcing
Wird manchmal als Gegenbewegung für (gescheiterte) Outsourcing-Versuche gesehen. Leistungen oder Prozesse, die von einem Service-Provider erbracht wurden, werden wieder zurück ins Unternehmen geholt (vgl. z. B. Hermes und Schwarz 2005, S. 34; oder Talgeri 2010, S. 29).

Single-Sourcing
Die Auslagerung von Prozessen erfolgt an einen einzigen Service-Provider (vgl. z. B. Talgeri 2010, S. 29).

Multisourcing/Multi-Vendor-Outsourcing/Best-of-Breed
Die Auslagerungen von (Teil-)Prozessen erfolgen nicht an einen einzelnen, sondern an mehrere Service-Provider (vgl. z. B. Hermes und Schwarz 2005, S. 34; oder Talgeri 2010, S. 29). Die einzelnen Anbieter haben sich dabei oft auf ganz spezielle Bereiche spezialisiert (vgl. Oppenauer 2007, S. 18). Die Anbieter können sogar miteinander im Wettbewerb stehen und um Aufträge konkurrieren (vgl. Bravard und Morgan 2009, S. 76 f).

Crowdsourcing
Auszulagernde Tätigkeiten (Tasks) werden nicht an ein konkretes Unternehmen vergeben, sondern (in kleinen Teilen) von den Mitgliedern einer Community (Amateuren, Spezialisten, Freelancer, KMUs, …), auf freiwilliger Basis (gegen Entgelt) übernommen. Ursprünglich aus dem IT-Umfeld kommend (ab ca. 2005) hat sich das Crowdsourcing-Angebot mittlerweile deutlich verbreitert und wird durch Plattformen wie z. B. CrowdSource (www.crowdsource.com hat nach eignen Angaben über 500.000 Mitglieder (Stand August 2014)) zunehmend professionalisiert (http://de.wikipedia.org/wiki/Crowdsourcing).

Outtasking
„… ist eine Outsourcingform, bei der kein ganzer Prozess, sondern nur einzelne Aktivitäten, so genannte Tasks, ausgelagert werden" (Hermes und Schwarz 2005, S. 34). Damit werden nur einzelne (technische) Leistungen oder Funktionen extern vergeben. Der Service Provider muss dabei auch nicht die gesamten prozessualen Zusammenhänge genau kennen (vgl. Dittrich und Braun 2004, S. 7). Outtasking wird oft gemeinsam mit lokalen Service-Providern beobachtet, kann aber auch in Offshore Lokationen betrieben werden (vgl. Oshri et al. 2011, S. 26).

Business Transformation Outsourcing/Transformational Outsourcing
Der Kunde behält sein Prozesse, Abteilungen, Mitarbeiter etc. und engagiert den Anbieter, um Verbesserungen durch dessen Know-how, Erfahrungen und Kernkompetenzen erzielen zu können. Das passiert als Reaktion auf die Erkenntnis, dass nicht alle Tätigkeiten erfolgreich outgesourct werden können und ein Unternehmen bestimmte Aufgaben selbst wahrnehmen und laufend verbessern muss, um wettbewerbsfähig zu bleiben.

Business Process Outsourcing (BPO)
Prozesse oder ganze Unternehmensteilbereiche werden an Dritte ausgelagert. Die Steuerung und die technische Umsetzung wird dabei dem Service-Provider überlassen (vgl. z. B. Hermes und Schwarz 2005, S. 34; Soysal 2010, S. 20; oder Talgeri 2010, S. 28).

Transaktionales Outsourcing
Eine Variante des Business Process Outsouring, wo sehr stark standardisierbare Leistungen an den Service-Provider ausgelagert werden (vgl. z. B. Hermes und Schwarz 2005, S. 34; oder Talgeri 2010, S. 28).

Knowledge Process Outsourcing (KPO)

Beim Knowledge Process Outsourcing werden Kernprozesse, die einen Wettbewerbsvorteil darstellen oder ein Teil der unternehmenseigenen Wertschöpfungskette sind, outgesourct. Dazu sind ausgezeichnete analytische und technische Fähigkeiten sowie ein hohes Maß an Expertise und Fachwissen notwendig. KPO kann als Erweiterung des Business Process Outsourcing angesehen werden (vgl. z. B. KPOWEB.Com/).

Shared Service Center

Ein mit dem Unternehmen verbundener, (rechtlich/wirtschaftlich) selbständiger Bereich, der unterschiedliche Geschäftsbereiche im Unternehmen durch gleichartige Dienstleistungen beliefert (vgl. z. B. Hermes und Schwarz 2005, S. 34; oder Soysal 2010, S. 20).

Literatur

Bravard, J. –L., & Morgan, R. (2009). *Intelligentes und erfolgreiches Outsourcing. Ein kompakter Leitfaden für das rationale Auslagern von Unternehmensprozessen.* München: FinanzBuch.

Brownell, B., Jegen, D., & Krishnamurthy, K. (2006). Strategic out-tasking – a new model for outsourcing, Cisco Systems Inc. http://www.cisco.com/web/about/ac79/docs/wp/Out-Tasking_WP_FINAL_0309.pdf.http://www.cisco.com/web/about/ac79/docs/wp/Out-Tasking_WP_FINAL_0309.pdf. Zugegriffen: 8. Aug. 2014.

Dibbern, J., Winkler, J., & Heinzl, A. (2007). Explaining variations in client extra costs between software projekts offshored to India: Working Papers in General Management and Information Systems, University of Mannheim: Working Paper 8/2007, July 2007.

Dittrich, J., & Braun, M. (2004). *Business process outsourcing.* Stuttgart: Schäffer-Poeschel.

Döpfer, B. (2008). *Outsourcing von Geschäftsprozessen.* Hamburg: Igel.

Ebert, C. (2006). *Outsourcing kompakt.* München: Elievier.

Gründer, T. (2011). Erfolgreiches IT-Management – Strategisches Sourcing als Option. In T. Gründer (Hrsg.), *IT-Outsourcing in der Praxis. Strategien, Projektmanagement, Wirtschaftlichkeit* (2. Aufl.). Berlin: Erich Schmidt.

Ilten, P. (2010). Outsourcing-Entscheidungen. Eine Bewertung aus multitheoretischer Sicht. In A. Fliaster et al. (Hrsg.), Schriften der Wissenschaftlichen Hochschule Lahr, Nr. 23. http://www.akad.de/fileadmin/akad.de/assets/PDF/WHL_Schriftenreihe/WHL_Schrift_Nr._23.pdf. Zugegriffen: 8. Aug. 2014.

Hermes, H. –J., & Schwarz, G. (2005). *Outsourcing.* Planegg: Rudolf Haufe Verlag.

Kreindl, E., Ortner, G., & Schirl, I. (2012). Outsourcing von Projektmanagement-Aktivitäten, Studie an der FH des bfi Wien. http://www.fh-vie.ac.at/Forschung/Publikationen/Studien/Outsourcing-von-Projektmanagement-Aktivitaeten. Zugegriffen: 1. Sept. 2014.

Mayer, A., & Söbbing, T. (2004). *Outsourcing leicht gemacht. Muss man denn alles selber machen?* Frankfurt a. M.: Redline Wirtschaft bei Ueberreuter.

Niebling, J. (2006). *Outsourcing* (3. Aufl.). München: RdW.

Oppenauer, G. (2007). *Outsourcing von Geschäftsprozessen. Grundlagen und Vergleich des Branchenprimus Indien mit anderen Destinationen.* Saarbrücken: VDM.

Oshri, I., Kotlarsky, J., & Willcocks, L. (2011). *The handbook of global outsourcing and offshoring* (2. Aufl.). New York: Palgrave Macmillan.

Söbbing, T. (2002). Handbuch des IT-Outsourcing, Mitp-Verlag, Bonn; tw. http://www.mitp. de/imperia/md/content/vmi/0981/0981_kapa.pdf und http://www.mitp.de/imperia/md/ content/vmi/0981/0981_kapb.pdf.

Soysal, M. (2010). *Outsourcing von technischen Dienstleistungen.* Saarbrücken: VDM.

Talgeri, V. (2010). *Outsourcing Grundlagen.* München: Grin.

Projektmanagement Teilprozesse

2

*Es gibt drei Wege des Lernens: 1. durch Nachdenken, das
ist der edelste – 2. durch Erfahrung, das ist der bitterste
und – 3. durch Nachahmung, das ist der leichteste.
(Konfuzius (551–479 v. Chr.), chinesischer Philosoph)*

Projektmanagement kann ganz ähnlich wie die Ablauforganisation selbst durch
bzw. in Prozesse und Teilprozesse gegliedert werden. Die zwei international wohl
bekanntesten Prozessmodelle für Projektmanagement stammen einerseits vom
Projekt Management Institute (PMI) und werden im Project Management Body of
Knowledge (PMBOK) (vgl. PMI 2013a, S. 47 ff.) ausführlich dokumentiert und
besprochen bzw. sind seit 2012 durch die ISO 21500 Norm (vgl. ISO 2012, S. 9 ff.)
der International Organization for Standards durch einen weltweiten Standard erstmals auf breiter Basis dokumentiert und mitgetragen. Auch in den Basiswerken
der International Project Management Association (IPMA) lassen sich die dort
vorgestellten Vorgangsweisen, Methoden und Techniken in Prozesse und Prozessgruppen einteilen (vgl. pma 2009, S. 17 ff.).

2.1 PMI Prozessmodell

Das PMI fasst die Projektmanagement (Teil-)Prozesse auf oberster Ebene in fünf
Prozessgruppen zusammen (vgl. PMI 2013a, S. 49, Abb. 2.1):

© Springer-Verlag Berlin Heidelberg 2015
G. Ortner, *Projektmanagement-Outsourcing,*
DOI 10.1007/978-3-662-45009-3_2

Abb. 2.1 Projektmanagement Prozesse des PMI.
(© spirit@pm)

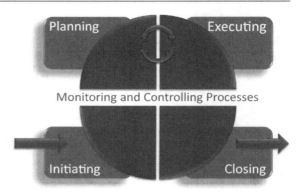

Project Initiation: alle Prozesse, die der Definition eines neuen Projektes – oder einer neuen Phase in einem existierenden Projekt – dienen.

Project Planning: die Prozesse, die die Herangehensweise festlegen, den Projektinhalt und -umfang festlegen, die Ziele verfeinern und den Fahrplan (die Projektpläne) festlegen, um diese Ziele mit dem Projekt auch zu erreichen.

Project Executing: jene Prozesse, die benötigt werden, um die Arbeit, die in den Plänen festgelegt wurde, auch – erfolgreich – umzusetzen.

Project Monitoring & Controlling: Prozesse, die notwendig sind, um den Fortschritt und die Leistungen des Projektes zu verfolgen, zu überprüfen und zu steuern sowie notwendige bzw. gewünschte Veränderungen zu identifizieren und umzusetzen.

Project Closing: alle Prozesse, die eingesetzt werden, um die Aktivitäten der anderen Prozessgruppen abzuschließen und das Projekt oder eine Phase formal zu beenden.

Diese Prozessgruppen sind nicht isoliert zu betrachten, sondern sie bedingen einander und sind miteinander verzahnt (siehe Abb. 2.2).

Die verschiedenen Projektmanagement Prozesse haben dabei im Ablauf eines Projektes über die unterschiedlichen Phasen hinweg typische Wirkungsbereiche, wobei sich die Prozessgruppen deutlich überlagern (siehe Abb. 2.3).

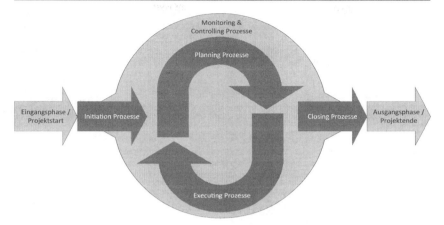

Abb. 2.2 PMI Projektmanagement Prozess Gruppen. (vgl. PMI 2013a, S. 50)

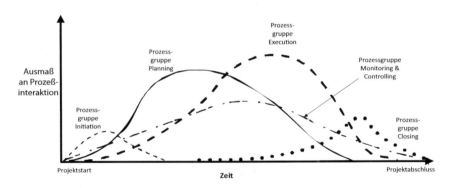

Abb. 2.3 Prozessgruppen und Projektphasen. (PMI 2013a, S. 51)

2.2   ISO 21500 Prozessmodell

Nach jahrelanger Abstimmungsarbeit konnte 2012 erstmals ein ISO Projektmanagement Standard verabschiedet werden. Innerhalb dieses recht kurz gehaltenen Werkes, widmet sich Abschn. 4 den Projektmanagement Prozessen. Dabei werden die **39 Prozesse einerseits nach fünf Prozessgruppen,** nämlich Initiierung, Planung, Umsetzung, Controlling und Abschluss, sowie andererseits nach zehn Themengruppen (siehe Abb. 2.4) gegliedert und beschrieben.

Themengr	Prozessgruppen				
uppen	Initiierung	Planung	Umsetzung	Controlling	Abschluss
Integration	Projektauftrag erstellen	Projektpläne erstellen	Projektarbeit koordinieren	Controlling der Projektarbeiten, Controlling von Änderungen	Abschließen von Projektphasen oder des Projektes, Lessons Learned sammeln
Stakeholder	Stakeholder-ermittlung		Stakeholder-management		
Inhalte		Leistungsumfang definieren, PSP erstellen, Arbeitspakete definieren		Leistungs-controlling	
Ressourcen	Team-zusammenstellung	Ressourcenbedarf schätzen, Projektorganisation festlegen	Weiterentwickeln des Projektteams	Ressourcen-controlling, Management des Projektteams	
Termine		Arbeitspaketab-folge festlegen, Dauer schätzen, Terminplan erstellen			
Kosten		Kosten schätzen, Projektbudget ermitteln		Kostencontrolling	
Risiko		Risiken ermitteln, Risikobewertung	Risikobehandlung	Risikocontrolling	
Qualität		Qualitätsplanung	Qualitätssicherung	Qualitätscontrolling	
Beschaffung		Beschaffungs-planung	Lieferantenauswahl	Steuern der Beschaffung	
Kommunikation		Kommunikations-planung	Informationen bereitstellen	Kommunikations-management	

Abb. 2.4 Prozesseinteilung nach ISO 21500. (vgl. ISO 2012, S. 10)

Die Prozesse bzw. Prozessgruppen werden auch im ISO Standard als miteinander vernetzt, interdependent und abhängig beschrieben. Die dabei möglichen
Wechselwirkungen sind durch Abb. 2.5 darstellbar.

Die ISO weist in ihren Ausführungen ausdrücklich darauf hin, dass die Projektmanagementprozesse in der Norm zwar mit klar definierten Schnittstellen
dargestellt werden, in der Praxis aber Überschneidungen und Wechselwirkungen
existieren.

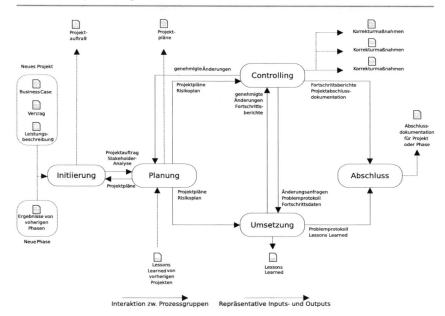

Abb. 2.5 Wechselwirkung zwischen Prozessen nach ISO 21500. (vgl. ISO 2012, S. 12)

2.3   IPMA Projektmanagement Aktivitäten

Die Herangehensweise der IPMA an die Beschreibung der Prozesse innerhalb eines Projektes unterscheidet sich zunächst grundlegend von den Überlegungen, die das PMI und die ISO anstellen. Die IPMA Competence Baseline (ICB 3.0) fokussiert auf verschiedene Kompetenzelemente, die für das erfolgreiche Managen von Projekten wichtig sind. Es werden die drei Hauptebenen, die Contextual, die Behavioural und die Technical Competences unterschieden. Vor allem in Letzterer finden sich dann die Methoden und Techniken, mit denen im Projektmanagement aktiv gearbeitet wird.

Die Projektmanagement Austria (das für Österreich relevante IPMA Gremium) unterteilt in ihren zusätzlichen Ausführungen und Empfehlungen zur ICB 3.0 (pm baseline 3.0) die **wichtigsten Methoden in acht Gruppen** (vgl. pma 2009, S. 17 ff.):

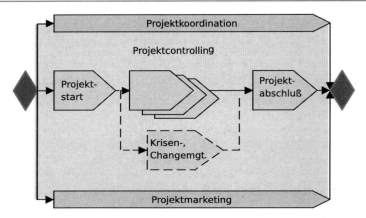

Abb. 2.6 Zusammenhänge zwischen Methoden/Prozessen nach pma. (vgl. pma 2009, S. 17 ff.)

- Methoden für den Projektstart: Projektabgrenzung und Projektkontext,
- Methoden für den Projektstart: Design der Projektorganisation,
- Methoden für den Projektstart: Projektplanung,
- Methoden zur Projektkoordination,
- Methoden zum Projektcontrolling,
- Methoden zum Projektmarketing,
- Methoden zum Management von Projektkrisen,
- Methoden zum Projektabschluss.

Auch diese Methodengruppen werden zu einem ganzen Wirkungsgeflecht (siehe Abb. 2.6) zusammengesetzt, das schlussendlich den ganzen Projektmanagementprozess darstellt.

2.4   Projektmanagement Prozesslandschaft

Versucht man, die drei Modelle von PMI, ISO und IPMA zu einer gemeinsamen Prozesslandschaft für das Projektmanagement zusammenzuführen, sind nur kleinere Unterschiede zu überwinden.

Es lassen sich grob sieben Prozessgruppen bilden, die weitgehend zu allen drei Modellen passen. Die Gruppen von Projektstart, -planung, -controlling und -abschluss lassen sich dabei mehr oder weniger 1:1 aus allen drei bekannten Standards übernehmen.

Prozesse der Vorprojektphase: Wie werden Ideen gefunden, gebündelt, bewertet und ausgewählt?

Prozesse der Projektstartphase: Das Projekt wird abgegrenzt, der Scope festgelegt, Ziele definiert und der Auftrag entwickelt.

Prozesse in der Projektplanung: Die Ziele werden geschärft, die Projektorganisation designed, alle relevanten Projektpläne (inkl. Umweltanalyse, Risikoplanung) erarbeitet.

Prozesse der Projektumsetzung und-koordination: Die Arbeit im Projekt wird koordiniert, interne und externe Kommunikation wird gestaltet, Schnittstellen müssen gemanagt werden, Beschaffungsprozesse werden abgewickelt, das Projektteam wird geführt, man kümmert sich um Projektmarketing.

Prozesse des Projektcontrollings: Steuerung, Reporting, Umplanung, laufende Risikobetrachtung, Claimmanagement.

Prozesse für Projektkrisen: Krisen werden identifiziert und definiert, Ursachenforschung betrieben, Lösungswege erarbeitet und umgesetzt.

Prozesse des Projektabschlusses: Das Projekt wird abgenommen und übergeben, der Abschlussbericht erstellt, Lessons Learned werden erarbeitet und die Projektorganisation geordnet aufgelöst.

2.4.1   Vorprojektphase

Die Prozesse der Vorprojektphase können eigentlich nicht dem Projektmanagement selbst zugerechnet werden – bevor das Projekt gestartet ist, gibt es ja, wenn man die gängigen Projektmanagementdefinitionen zu Grunde legt, noch kein Projektmanagement –, sondern müssen im Kontext des Portfolio- oder Programmmanagements (vgl. z. B. PMI 2013b, c) gesehen werden. Hier werden vor allem die Grundlagen erarbeitet, die die spätere Beauftragung des eigentlichen Projektes durch Entscheidungsträger vorbereiten. Dabei sind, stark abhängig vom jeweiligen Unternehmen, die möglichen Prozesse oft sehr unterschiedlich formal oder informell gestaltet. Als Aktivitäten bzw. Prozesse dieser Phase gelten:

- Ideensuche und -selektion: Ideen können aus dem Unternehmen (von MitarbeiterInnen) kommen, vom Verkauf und/oder direkt von Kunden eingebracht werden.
- Zielbeschreibung: Die Ideen werden durch (grob) beschriebene Ziele dargestellt. Eine erste Überprüfung auf Übereinstimmung mit den Unternehmenszielen (Alignment mit strategischen Zielen) kann erfolgen.
- Project Business Case erstellen: Eine Kosten-Nutzengegenüberstellung wird angestellt, um die wirtschaftliche Sinnhaftigkeit des Vorschlags darzustellen.

- Ranking (Priorisierung) und Selektion: Konkurrieren mehrere Projektideen miteinander bzw. innerhalb eines beschränkten Budgets oder beschränkter Ressourcen, werden sie in eine Reihenfolge für die Beauftragung und Abarbeitung gebracht.
- Erstellen des Projektauftrages: Der eigentliche Projektauftraggeber wird definiert, die Projektleiterin bzw. der Projektleiter wird nominiert und Ziele und Rahmenbedingungen (Zeit, Kosten, Ressourcen, …) für das Projekt werden fixiert.

2.4.2 Projektstartphase

Die Prozesse der Startphase kreieren die Projektorganisation und definieren die Rahmenbedingungen zu den Umwelten des Projektes. Dabei wird das Team zusammengestellt, das für die Umsetzung des Projekts verantwortlich zeichnen wird, die Ziele werden genau ausdefiniert und der notwendige Zeitrahmen sowie die Ressourcen werden abgeschätzt.

- Ermitteln der Stakeholder: Die Stakeholder des Projektes werden identifiziert, wichtige Stakeholder werden in die spätere Projektorganisation integriert.
- Zusammenstellung des Projektteams: Die (temporäre) Projektorganisation wird konstruiert und im Kickoff zusammengeführt.
- Definition des Leistungsumfangs: Die vorgegebenen Ziele werden analysiert, wenn notwendig gemeinsam mit dem Team und dem Auftraggeber weiter geschärft und ausformuliert.
- Schätzung des Ressourcenbedarfs und der Zeit: Erste Abschätzungen bezüglich notwendiger Ressourcen (Sach-, Personal-, Zeit- und Finanzressourcen) für die Umsetzung werden getroffen und mit den im Auftrag definierten Rahmenbedingungen abgeglichen.

2.4.3 Projektplanungsphase

Die Planungsphase enthält dann alle im klassischen Projektmanagement bekannten Planungsschritte (vgl. z. B. oder PMI 2013a; IPMA 2006):

- Umfeld- bzw. Umweltanalyse: Identifikation der Einflussfaktoren, Analyse und Bewertung sowie Ausarbeitung von Maßnahmen.

- Erstellung des Projektstrukturplanes (PSP): Festlegen der notwendigen Arbeits-schritte zur erfolgreichen Zielerreichung sowie Erstellung einer zweckdienli-chen Struktur der Arbeitspakete.
- Definition der Arbeitspakete: Herunterbrechen der Ziele, Ergebnisse usw. auf die einzelnen Arbeitspakete, Beschreibung der Inhalte und erwarteten Ergeb-nisse auf Arbeitspaketniveau sowie Festlegung der Messgrößen für die spätere Leistungsfortschrittskontrolle.
- Festlegung der Verantwortlichkeiten (Rollen- und Funktionsplan): Definition von verschiedenen für das Projekt wichtigen Rollen sowie deren Zuweisung an die Mitglieder der Projektorganisation. Planung der Zuständigkeiten auf Ar-beitspaketniveau.
- Erstellung des Ablauf- und Zeit-/Terminplans: Aufzeigen der inhaltlichen bzw. technischen Abfolge bzw. Beziehungen zwischen den Arbeitspaketen. Schät-zung der Dauer der einzelnen Pakete und daraus aufstellen von Netz- und Ter-minplänen (z. B. in einem Gantt-Chart[1]).
- Erstellung des Ressourcenplans: Abschätzung der notwendigen Ressourcen zu-erst auf Arbeitspaketniveau, danach Aggregation auf Projektebene. Bedarfs- vs. Verfügbarkeitsanalyse und daraus notwendige Optimierung vorangegangener Planungsschritte.
- Erstellung des Risikoplans: Identifikation und Bewertung von möglichen Risi-ken und Chancen(!), daraus Ableitung von Maßnahmen im Zuge eines Risiko-plans.
- Erstellung des Kostenplans: Aufbauend auf den vorhergegangenen Planungs-schritten werden die Kosten auf Arbeitspaketniveau geschätzt und zu den Pro-jektkosten aggregiert. Kalkulation von Gemeinkosten, etwaiger (Risiko −)Puf-fer und Gewinnaufschläge.
- Erstellung des Finanzplans: Auf Basis der zeitlichen Betrachtung des Kosten-plans wird der Finanzbedarf geplant und die Finanzierung sichergestellt.
- Erarbeiten der Qualitätsplanung: Die Qualitätsansprüche werden im Einklang mit dem Projektauftrag festgelegt, Maßnahmen zur Messung und Kontrolle ent-wickelt und festgelegt.

2.4.4 Projektumsetzung und -koordination

Die eigentliche Phase der Umsetzung der Projektinhalte bildet üblicherweise den Großteil der Projektlaufzeit ab. Hier wird an den inhaltlichen Aktivitäten in den einzelnen Arbeitspaketen gearbeitet.

---

[1] = vernetzter Balkenplan.

Dazu ist begleitende Koordination und Kommunikation nach innen, aber auch nach außen notwendig.

- Koordination der Projektarbeit: Die Durchführung der geplanten Vorgänge wird innerhalb der Projektorganisation koordiniert, die notwendigen Informationen werden zwischen den Funktionsträgern strukturiert ausgetauscht.
- Stakeholder-Management: Die Kommunikation mit den relevanten Stakeholdern wird (nach definierten Kommunikationsplänen) geführt, Informationen werden ausgetauscht.
- Management des Projektteams: Die ProjektmitarbeiterInnen werden geführt, Feedback wird gegeben und Motivations- und Leistungsanreize werden gesetzt.
- Weiterentwicklung des Projektteams: Es wird gezielt an Know-how und Fähigkeiten des Projektteams gearbeitet, Weiterbildungen werden organisiert, gezieltes Coaching und Mentoring kann eingesetzt werden.
- Change-Management: Gewollte und ungewollte Veränderungen werden strukturiert bearbeitet, bisherige Pläne entsprechend adaptiert und notwendige Veränderungen in der Projektorganisation kommuniziert.
- Risikomanagement: Risiken werden laufend überwacht, neue identifiziert, eingetretene entsprechend dem Risikoplan gemanagt.
- Qualitätssicherung: Die im Qualitätsplan vorgesehenen Maßnahmen werden umgesetzt.
- Procurement: Notwendige Beschaffungen werden geplant, Lieferanten ausgewählt und die Lieferungen überwacht und überprüft.
- Projektmarketing: Maßnahmen zum internen sowie externen Marketing werden umgesetzt, um Erfolg, Akzeptanz und Versorgung des Projektes mit Ressourcen sicherzustellen.
- Abschließen von Projektphasen: Die Leistungen werden überprüft und entsprechend dokumentiert, notwendige Berichte werden verfasst.

2.4.5 Projektcontrolling

Begleitend zur Umsetzung der inhaltlichen Arbeit im Projekt werden verschiedene Aspekte der Projektarbeit und Rahmenbedingungen laufend einer Kontrolle und Abweichungsanalyse unterzogen und geeignete Steuerungsmaßnahmen erarbeitet und umgesetzt.

- Controlling der Projektarbeit: Überwachung der klassischen Parameter Leistung (sfortschritt), Termine/Zeitressourcen, Ressourcenverbrauch, Kostenentwicklung und Finanzcontrolling, notwendige Steuerungsmaßnahmen werden geplant, Pläne entsprechend adaptiert.

- Controlling der sozialen Faktoren: Auch „weiche Faktoren" innerhalb der Projektorganisation und in der Beziehung zum Auftraggeber werden reflektiert und notwendige Maßnahmen abgeleitet.
- Claim-Management: Claimsituationen werden identifiziert und entsprechend bearbeitet (Claimvorsorge/-erkennung/-abwicklung).
- Risikocontrolling: Aktualisierung des Risikoplans, Überwachung und Reaktion auf eingetretene Risiken und Chancen.
- Qualitätscontrolling: Die Qualität der inhaltlichen Arbeit und der Arbeitsprozesse wird überwacht, der Qualitätsplan wenn notwendig angepasst.
- Reporting: Berichte an Auftraggeber, Steuerungskreis oder Kunden werden verfasst, kommuniziert und Feedback wird eingeholt.

2.4.6 Projektkrisen

Projekte sind nicht frei von Problemen und Konflikten. Kommt es im Laufe eines Projektes zu existenziellen Problemen, spricht man von einer Projektkrise. In solchen Krisensituationen sind spezielle Methoden und Techniken dafür vorgesehen, Projekte wieder auf einen Weg zu einem erfolgreichen Abschluss zu bringen.

- Definition der Krise: Die Krisensituation wird nach definierten Kriterien erklärt und erste Notfallmaßnahmen werden ergriffen.
- Krisenmanagement: Ursachenforschung wird betrieben, Wege aus der Krise werden gesucht, geplant und umgesetzt.
- Beendigung der Krise: Die Krise wird für beendet erklärt und ein Übergang zur normalen Projektarbeit wird geschaffen.

2.4.7 Projektabschlussphase

Auch wenn in vielen Projekten gerade am Ende oft wenig Zeit und Ressourcen übrig bleiben, ist ein geordneter Projektabschluss für ein nachhaltiges Projektmanagement besonders wichtig.

- Abschießen des Projektes: Die Projektergebnisse werden an den Auftraggeber übergeben, der Abschlussbericht wird erstellt und kommuniziert, die Projektabnahme erfolgt.

- Sammeln von Lessons Learned: Die Erfahrungen des Projektteams werden reflektiert und für die Zukunft dokumentiert.
- Auflösung der Projektorganisation: Die Organisation wird aufgelöst, die Teammitglieder bekommen finales Feedback und werden neuen Aufgaben zugeordnet. Die Beziehungen mit den Stakeholdern werden geordnet aufgelöst.

Literatur

International Project Management Association (IPMA). (2006). ICB – IPMA competence baseline version 3.0. http://www.p-m-a.at/pma-download/cat_view/227-icb-pm-baseline.html. Zugegriffen: 8. Aug. 2014.

ISO 21500:2012(E). (2012). *Guidance on projectmanagement.* Genf: ISO.

Projekt Management Austria (pma). (2009). pm baseline version 3.0, Wien. http://www.p-m-a.at/pma-download/cat_view/227-icb-pm-baseline.html. Zugegriffen: 8. Aug. 2014.

Project Management Institute (PMI). (Hrsg.). (2013a). *A guide to the project management body of knowledge* (5. Aufl.). Newtown Square: Project Management Institute.

Project Management Institute (PMI). (Hrsg.). (2013b). *The standard for portfolio management* (3. Aufl.). Newtown Square: Project Management Institute.

Project Management Institute (PMI). (Hrsg.). (2013c). *The standard for program management* (3. Aufl.). Newtown Square: Project Management Institute.

Grundlagen für erfolgreiches Outsourcing

3

Bei der Überlegung, Geschäftsprozesse im Allgemeinen bzw. Projektmanagement-prozesse im Speziellen outsourcen zu wollen, gibt es ganz grundlegende Dinge zu beachten bzw. Vorbedingungen zu erfüllen, damit solche Unterfangen überhaupt eine Chance auf Erfolg haben. Im Folgenden werden zuerst die wichtigsten Erfolgsfaktoren sowie Vor- und Nachteile besprochen, bevor auf die Vorbereitungsarbeiten eingegangen wird und die notwendigen Rahmenbedingungen für erfolgreiche Outsourcing-Vorhaben diskutiert werden.

3.1 Allgemeine Erfolgsfaktoren im Outsourcinggeschäft

> Strategisches Outsourcing ist kein Instrument für Tollkühne, sondern für Unerschrockene. (Bravard und Morgan 2009, S. 39)

Faktoren, die für erfolgreiche Outsourcing-Bemühungen zentrale Bedeutung haben, sind die Fähigkeit, die Leistungen genau zu spezifizieren, Due Diligence bei der Auswahl der Partner, ein gelungener Know-how Transfer, Controlling und ein klares Commitment des Top-Managements (vgl. Kerner 2009, S. 337).

Dabei zeigt sich, dass einige grundlegende Überlegungen bei Outsourcing-Entscheidungen eigentlich jeder Art anzustellen sind.

- Dazu gehört die Frage, ob die Prozesse, die nach außen abgegeben werden sollen, sauber definiert und standardisiert sind (siehe Abschn. 3.1.2).

© Springer-Verlag Berlin Heidelberg 2015
G. Ortner, *Projektmanagement-Outsourcing,*
DOI 10.1007/978-3-662-45009-3_3

- Ein Abgleich der Erwartungshaltungen zwischen dem Kunden und dem Provider, aber auch zwischen den Stakeholdern der Kundenorganisation ist ebenfalls geboten, damit ein gemeinsames Big-Picture entstehen kann und spätere Enttäuschungen vermieden werden.
- Auch muss klar sein, dass die Auswahl und Due Diligence für eine auf einen langfristigen Zeitraum ausgelegte Zusammenarbeit nicht nur ausreichend Zeit braucht, sondern auch entsprechend Kosten verursacht.
- Klare Vereinbarungen in Verträgen und strukturierte Schnittstellen müssen gut durchdacht sein, dazu sind entsprechendes Know-how und Erfahrungen von Vorteil bzw. müssen dafür Ressourcen abgestellt werden können.
- Innerhalb der eigenen Organisation bedarf es einer klaren Identifikation der für das Outsourcing zuständigen Führungskräfte. Deren Rollen und Aufgabenverteilung ist festzulegen und muss dann auch mit entsprechendem Leben erfüllt werden.
- Schlussendlich braucht es ein Verständnis, wie sich eine Organisation durch solche Maßnahmen verändert. Betroffen sind hier die Mitarbeiterinnen und Mitarbeiter, aber auch kulturelle Veränderungen (Interaktionen mit dem Service Provider), Veränderungen in Kommunikationsstrukturen und -verhalten oder strategische Aspekte (z. B. Risikoverlagerungen, Know-how-Mix, Prioritäten) (vgl. Dittrich und Braun 2004, S. 183 ff.).

Kerner gibt in seiner Analyse von wichtigen Fähigkeiten für Outsourcing Projekte einen guten Überblick, welche Fähigkeiten einer Organisation zum Gelingen solcher Projekte in welche Phasen besonders wichtig sind (Abb. 3.1).

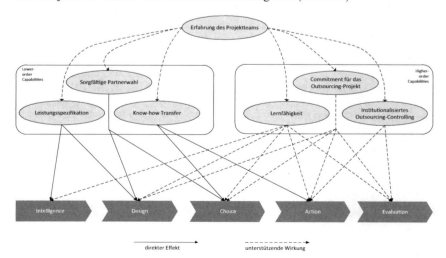

Abb. 3.1 Wichtige Fähigkeiten in Outsourcing-Projekten. (Kerner 2009, S. 171)

3.1.1   Chancen und Risiken im Outsourcing

In den Anfängen wurde Outsourcing meist sehr stark durch Kostenargumente vorangetrieben (siehe auch Kap. 1.1). Mit den – auch mitunter negativen – Erfahrungen wurde nach und nach ein ganzes Bündel von Vor- und Nachteilen sichtbar, die mit Outsourcing-Bestrebungen mittlerweile verbunden werden. Diese müssen bei jedem Vorhaben individuell abgewogen und daraus die richtigen Entscheidungen abgeleitet werden. Laut einer Studie von Oshri und Kotlarsky aus dem Jahr 2009 **steht das Kostenargument aber mittlerweile nicht mehr an erster Stelle,** sondern wurde durch die Suche nach neuen Skills abgelöst (vgl. Oshri et al. 2009, S. 15, 18).

Als die wichtigsten und in vielen Publikationen immer wieder genannten und diskutierten **Vorteile** gelten:

- Mögliche Kostenreduktionen/-optimierung: Der Outsourcing-Provider kann durch eine bessere Kostenstruktur (z. B. niedere Lohnkosten) seine Dienstleistungen günstiger anbieten.
- Nutzung von Lernkurven bzw. Economies of Scale: Der Provider von Leistungen, der spezifische Leistungen auch in größerem Ausmaß verschiedenen Leistungsempfängern anbieten kann, ist durch Skaleneffekte (Stückkostendegression) in der Lage, effizienter zu produzieren und Lerneffekte besser auszunutzen.
- Kostentransformation: Ein möglicher Vorteil wird manchmal in der Umwandlung von Fixkosten (Bindung von Ressourcen bei Selbstherstellung) in variable Kosten (der Provider rechnet abgerufene Leistungen ab) gesehen (vgl. Skrzipek 2002, S. 8).
- Kostentransparenz, -standardisierung: Die regelmäßige Abrechnung bezogener Leistungen kann einfacher und klarer erfolgen als die Kostenerfassung in komplexeren innerbetrieblichen Prozessen (vgl. Hermes und Schwarz 2005, S. 20).
- Ressourceneinsparungen: Speziell knappe Ressourcen im Unternehmen werden geschont und können gezielt für die nicht abgegebenen Kernprozesse eingesetzt werden (siehe RBV, Kap. 1.1).
- Fokus auf Kernkompetenzen: Das Unternehmen kann sich besser auf seine Kernkompetenzen und die damit verbundenen wertschöpfenden Geschäftsprozesse konzentrieren, um damit Wettbewerbsvorteile zu generieren (vgl. Hermes und Schwarz 2005, S. 21; Vagadia 2012, S. 136).
- Skalierbarkeit von Leistungen: Idealerweise kann der Service Provider schnell und flexibel auf Nachfrageschwankungen des Kunden reagieren und dynamisch notwendige Ressourcen zur Verfügung stellen (vgl. Dittrich und Braun 2004, S. 50).

- Know-how Gewinn: Neues bzw. zusätzliches Know-how, das vom Outsourcing-Partner beigesteuert wird, kann genutzt werden, um die eigene Wertschöpfungskette zu verbessern (siehe CBV, Kap. 1.1) (vgl. Brown und Wilson 2005, S. 37; Geist et al. 2012b, S. 3; Vagadia 2012, S. 137).
- Potenziale zur Qualitätssteigerung: Die Erfahrungen bzw. die Maturity, die Qualität der Fachkräfte oder spezielles Know-how des Service Providers helfen Prozesse und Leistungen qualitativ zu verbessern (vgl. Oppenauer 2007, S. 36 f.).
- Höhere Prozesstreue: Vereinbarte Sollprozesse können nicht mehr so leicht wie bei interner Abarbeitung umgangen werden, wenn klare (vertragliche) Vereinbarungen mit einem externen Dritten existieren. Abkürzungen über den „kurzen Dienstweg" werden erschwert (vgl. Dittrich und Braun 2004, S. 58).
- Risikotransfer: Manche Risiken (z. B. Antwortzeit, Verfügbarkeiten, hohe Investitionen, ...) lassen sich an den Service Provider übertragen, gute vertragliche Gestaltung vorausgesetzt (vgl. Brown und Wilson 2005, S. 47).

Als Faktoren, die sich als **Nachteile** herauskristallisiert haben, werden genannt:

- Potenzielle Kostenerhöhung: Gerade durch entstehende Transaktions-[1] Kommunikations- und Koordinationskosten werden die Kostenvorteile bei der eigentlichen Leistung oft schnell wieder wettgemacht. Manchmal können die im eigenen Unternehmen vorhandenen Fixkosten (z. B. durch Personalabbau) auch nicht in vollem Ausmaß abgebaut werden, wenn Leistungen an Dritte abgegeben werden (vgl. Vagadia 2012, S. 139).
- Hold-up Probleme: Nach anfänglich günstigen Preisen erhöht der Service Provider langsam die Preise. Ein schneller Ausstieg bzw. Umstieg zu einem anderen Provider ist aber mit teilweise beträchtlichen Umstiegskosten verbunden (vgl. Skrzipek 2002, S. 9 und 14).
- Lock-in bzw. Abhängigkeits-Effekte: Ist einmal eine funktionierende Outsourcing-Beziehung etabliert, wird es immer schwieriger und kostenintensiver, zu einem anderen Provider zu wechseln. Teilweise verliert bzw. deinvestiert der Auftraggeber notwendige Ressourcen und Know-how und kann damit die notwendigen Prozesse selber nicht mehr oder nur durch neue beträchtliche Investitionen wieder erbringen. Der Outsourcing-Partner gewinnt damit zunehmend an Verhandlungsmacht bzw. -spielraum. Das Principal-Agent Verhältnis verschiebt sich und die Entscheidungsspielräume des Auftraggebers werden kleiner (vgl. Vagadia 2012, S. 140).

---

[1] darunter fallen z. B. Informations-, Anbahnungs-, Vereinbarungs-, Kontroll-, Anpassungs- und Vertrauenskosten. Siehe auch Oppenauer (2007, S. 24 ff.),

- Know-how Verlust: Mit der Zeit geht notwendiges Know-how im beauftragenden Unternehmen verloren. Je spezifischer dieses Know-how (z. B. beim KPO) war, umso leichter können Wettbewerbsvorteile davon betroffen sein (vgl. Vagadia 2012, S. 138).
- Vertraulichkeit/Datenschutz: Gerade im BPO muss Prozess-Know-how in einem beträchtlichen Ausmaß an den Service Provider transferiert werden. Außerdem wird im laufenden Betrieb eine große Menge an Daten und Informationen zwischen den Outsourcing-Partnern ausgetauscht und geteilt. Dabei ergeben sind Angriffspunkte in vielen Ausprägungen (z. B. beim Austausch, Speicherung, Verarbeitung, Personal des Outsourcing Providers, …). Der Outsourcing Partner gewinnt auch neue Erfahrungen aus der Zusammenarbeit. Arbeitet so ein Anbieter mit verschiedenen Kunden zusammen, können diese dann von solchen Erfahrungen (z. B. Prozessoptimierungen) profitieren. Das auftraggebende Unternehmen verliert damit schleichend Wettbewerbsvorteile.
- Kommunikationsprobleme und kulturelle Unterschiede: Je stärker sich die Outsourcing-Bestrebungen in Richtung BPO orientieren, umso enger muss kommuniziert werden. Abhängig von sprachlichen und kulturellen Unterschieden (bis hin zur jeweiligen Firmenkultur) steigt die Gefahr von Kommunikationsfehlern, Missverständnissen und unterschiedlichen Interpretationen oder Auffassungen (vgl. Vagadia 2012, S. 140).
- Abgabe von Kontrolle und strategischer Flexibilität: Werden ganze Geschäftsprozesse in den Verantwortungsbereich des Providers vergeben, geht damit auch ein Kontrollverlust des Auftragsgebers einher. Zwar können die gewünschten Ergebnisse durch SLA Verträge qualitativ vereinbart werden, wie es im Detail aber zur Ergebniserreichung beim Provider kommt, kann der Auftraggeber jedoch nicht mitverfolgen. Die meisten Geschäftsprozesse sind nicht auf ewig in Stein gemeißelt. Veränderungen und neue Anforderungen müssen weiter einfach genug machbar und transparent kalkulierbar bleiben (vgl. Hermes und Schwarz 2005, S. 96).
- Qualitäts- oder Leistungsdefizite: Der Provider wird versuchen, die Leistungen möglichst standardisiert zu erbringen, um Skaleneffekte ausnutzen zu können. Flexible und individuelle „von Fall zu Fall" Lösungen werden dadurch weitgebend verhindert, wenn sie nicht ganz ausdrücklich in den vertraglichen Vereinbarungen (z. B. Service Level Agreements) vereinbart worden sind. Wie genau der Service Anbieter die Leistungen erbringt, ist für den Auftraggeber nur schwer kontrollierbar, es können nur die Ergebnisse auf ihre Qualität geprüft werden. Zusätzliche Kontrollversuche erhöhen aber wiederum die Kosten.
- Widerstände der Belegschaft: Veränderungen in Prozessen wecken Unsicherheiten und Ängste (z. B. um die Arbeitsplatzsicherheit) in der Stammbelegschaft.

Dadurch kann die Zusammenarbeit mit dem Service Provider erschwert und mitunter sogar torpediert werden (z. B. durch schlechte Kommunikation, unzureichende Know-how Weitergabe usw.).

3.1.2 Prozesse und Prozessmanagement als Grundlage

Für alle Überlegungen im Rahmen von Outsourcing-Entscheidungen ist eine **Grundvoraussetzung** von ganz offensichtlicher und entscheidender Bedeutung: Bevor über die Ausgliederung diskutiert werden kann, muss zuerst einmal **Klarheit über die bisher existierenden Geschäftsprozesse** herrschen! (vgl. Hermes und Schwarz 2005, S. 51) Dazu gilt es, zumindest die erste Stufe des Prozessmanagements – die Prozessdokumentation – erklommen zu haben. Werden Projektmanagementprozesse betrachtet, können diese auch unabhängig von den übrigen Geschäftsprozessen eines Unternehmen in eigens für das Management von Projekten definierten Standards bzw. Vorgehensmodellen, z. B. in Anlehnung an Modelle oder Empfehlungen der großen internationalen Projektmanagementvereinigungen (IPMA, PMI, …) festgelegt sein. Gerade im Projektmanagement existieren zur Gestaltung der Prozesse oft eigens dafür eingerichtete Organisationseinheiten, die Projektmanagement-Offices (vgl. Ortner und Stur 2011, S. 41 f.).

Je fortgeschrittener die Prozessmanagement-Reife des Unternehmens ist, je besser Geschäftsprozesse nicht nur dokumentiert sind, sondern auch aktiv an den Schnittstellen gearbeitet und Prozesse wirklich und verantwortungsvoll gemanagt werden, umso direkter und schneller können Outsourcing-Ideen angegangen und strukturiert diskutiert werden.

Sind die grundlegenden Prozessmanagement-Schritte noch nicht gemacht worden, bleibt kaum eine andere Wahl, als hier zuerst die **notwendigen Vorarbeiten** zu erledigen, um danach überhaupt erst mit fundierten Kenntnissen über die eigenen Organisation und notwendigem Datenmaterial an Outsourcing-Überlegungen heranzugehen. *„You can't outsource undone homework"* kann hier als Motto gesehen werden.

Existiert andererseits eine gewisse Prozessmanagement-Kultur, sind Verantwortlichkeiten klar verankert, werden Prozesse regelmäßig überprüft und vielleicht sogar auf ihre Effizienz durch Key-Performance Indikatoren (KPI) hin überprüft, dann lassen sich Outsourcing-Entscheidungen nicht nur leichter vorbereiten, sondern sind auch einfacher und erfolgreicher umzusetzen.

Ein implementiertes Prozessmanagement bzw. etablierte und akzeptierte Projektmanagement-Standards im Besonderen erleichtern:

- eine gute, strukturierte und auch vollständige Übersicht über die Prozesse zu gewinnen;
- einfach die Verantwortungsträger identifizieren zu können;
- wichtige Schnittstellen erkennen zu können;
- notwendige Kommunikationspfade offen zu legen;
- schon vorhandene Kennzahlen (KPIs) nutzen zu können;
- den Ressourcenbedarf einzelner Prozesse einschätzen zu können;
- Daten über Kosten und Erlöse von Prozessen zu kennen bzw. messen zu können;
- sich Erfahrungen, Lessons Learned etc. zu Nutze machen in der Lage zu sein.

Unternehmen, die auch in der internen Arbeitsgestaltung zwischen Abteilungen oder Organisationseinheiten SLAs oder SLA ähnliche Abmachungen verwenden, haben einen weiteren Vorteil, wenn Outsourcing-Bestrebungen im Gange sind. Sie können aus diesen Abmachungen bzw. aus den Erfahrungen mit solchen Arbeitsweisen viel leichter wichtige Eckpunkte und Kennzahlen ableiten, die sie für die Zusammenarbeit mit einem späteren externen Anbieter von Leistungen benötigen (vgl. Bravard und Morgan 2009, S. 121 f.).

3.1.3   Moderne Technologien als Hilfswerkzeuge

Die durch das Outsourcen (geographisch) verteilten Geschäftsprozesse können durch entsprechende technische Hilfsmittel unterstützt werden. Gerade der notwendige Fluss von Informationen bzw. Kommunikation im Allgemeinen ist ein wichtiger Faktor, der bedacht werden muss. Auch für die Überwachung und Steuerung können moderne Hilfsmittel ihren Beitrag leisten, und Medienbrüche sind aus Effizienzgründen so gut wie nur möglich zu vermeiden (vgl. Hermes und Schwarz 2005, S. 52 f.).

Als Beispiel für technologische Unterstützungsmaßnahmen lassen sich nennen:
- (digitale) Dokumentenmanagementsysteme (OCR, …),
- Voice over IP Kommunikationsformen (z. B. Skype),
- Wikis, Chatrooms, virtuelle Arbeitsräume,
- Videokonferenzsystem,
- Cloudcomputing,
- Workflow- und Prozessmanagement Software,
- Projektmanagement Plattformen oder
- Enterprise Resource Planing Systeme.

3.2 Vorbereitungen für erfolgreiches Outsourcing

> In allen Dingen hängt der Erfolg von den Vorbereitungen ab. (Konfuzius (551-479
> v. Chr.), chinesischer Philosoph)

Da Outsourcing-Vorhaben generell auf Dauer ausgelegt sind und dabei bestimmte Entscheidungen nur mehr eingeschränkt bzw. unter hohen Kosten korrigierbar sind, empfiehlt es sich, eine gute und strukturierte Vorbereitung auf solche Vorhaben durchzuführen.

Dazu kann eine Vor- oder Machbarkeitsstudie – vielleicht in Form eines Projektes – zählen, weiters das Einholen von genügend Angeboten, eine gute Analyse, Auswahl und Verhandlungen mit den Outsourcing-Partnern und eine strukturierte Umsetzungsplanung. Dabei kann es überaus nützlich sein, diese Phase von unabhängigen(!) Beratern mit entsprechendem Know-how und Erfahrungen begleiten zu lassen (vgl. Bravard und Morgan 2009, S. 41 f.).

3.2.1 Vor- und Machbarkeitsstudie

Hier soll vorab geklärt werden, welche Prozesse und Aufgaben überhaupt ausgelagert werden sollen. Vorbedingung ist dabei wie schon in 3.1.2 festgestellt die Übersicht über die Prozesse und Standards, die im Projektmanagement im Unternehmen etabliert sind oder in Zukunft verankert werden sollen. Diese Arbeit ist erfolgskritisch, Fehleinschätzungen zur Machbarkeit, Bedeutung für die Unternehmensstrategie usw. können bei der Umsetzung von Outsourcing-Maßnahmen kaum mehr ausgebessert werden. Daher kann hier für eingehende Überlegungen einiges an Zeitaufwand anfallen. Es gibt in der Literatur aber einige Vorgangsweisen, die vorgeschlagen werden. Ein Beispiel dafür ist ein mehrstufiges Filtersystem von Booz Allen Hamilton, das mögliche Prozesse auf ihre Tauglichkeit zum Outsourcing nach mehreren Kriterien (z. B. Wettbewerbsvorteil, Prozessmaturity, Risiko etc.) nacheinander „ausfiltert" (vgl. Oppenauer 2007, S. 51). Wir werden uns in Kap. 4 ganz explizit mit der Eignung der verschiedenen Projektmanagementprozesse für Outsourcing-Bestrebungen auseinandersetzen.

3.2.2 Einholen von Angeboten und Vorschlägen

Die ausgewählten Prozesse und Aufgaben müssen dann sauber und vollständig dokumentiert und einem möglichen Kreis von Outsourcing-Nehmern zur Analyse gegeben werden. Dabei sind für die Auswahl der entsprechenden Kandidaten wieder einige Vorarbeiten notwendig. Die möglichen Anbieter sind auf wichtige Eckpunkte einer potenziellen zukünftigen Zusammenarbeit hin zu untersuchen. Das können sein (vgl. z. B. Brown und Wilson 2005, S. 115 ff.; Hermes und Schwarz 2005, S. 74):

- (Branchen-)Kompetenz,
- inhaltliche Kompetenzen (Referenzen),
- Bereitschaft zu Investitionen (in eine langfristige Zusammenarbeit),
- geeignete Größe und Struktur, personelle, technische und Know-how Ausstattung,
- langfristige (finanzielle) Stabilität,
- geeignete geographisch Lage und auch kulturelle Kompatibilität.

Möglichen Partnern soll in der Kontaktphase auch die Möglichkeit geboten werden, ihrerseits Vorschläge zu erarbeiten, wie eine zukünftige Zusammenarbeit funktionieren könnte. Dabei ist deren professionelle Herangehensweise und ihr Input auch als Entscheidungskriterium für eine spätere Auswahl des richtigen Partners relevant. Beratungen mit einem externen Outsourcing-Berater können hier wertvolle Inputs bringen, da er keine Eigeninteressen an einer bestimmten Alternative hat und mithelfen kann, die richtigen Fragen zu stellen (vgl. Brown und Wilson 2005, S. 149).

3.2.3 Auswahl des richtigen Partners und Vertragsverhandlungen

Die verschiedenen Angebote müssen so objektiv wie möglich analysiert und verglichen werden. Eine Möglichkeit dazu bietet eine saubere Nutzwertanalyse. Allerdings gebietet hier die Fairness, dass die Entscheidungskriterien bzw. deren Gewichtung schon vor der eigentlichen Angebotsphase diskutiert und festgelegt worden sind. Mit dem oder den Bestbieter(n) wird schließlich über das notwendige Vertragswerk verhandelt. Hier sind insbesondere auch die Themen, was die **eigentliche Zielsetzung** ist, welche Eckpunkte das Outsourcing zu erfüllen hat und wie die spätere **tagtägliche Zusammenarbeit** funktionieren soll, mit zu berücksichtigen. Klassischerweise bedarf es in den Verträgen genauer Leistungsbeschreibungen (z. B. SLAs), Zuständigkeiten, Eskalationswege, Schutz von geistigem Eigentum, u. v. a. m.

In solchen Verhandlungen ist das Herausarbeiten von Win-Win-Situationen an-
zustreben. Beide Seiten sollten eine **faire Nutzenbalance** anstreben, um spätere
Konflikte – die Outsourcing-Verbindung sollte ja langfristig bestehen bleiben – so
gut es geht vermeiden zu helfen (vgl. Brown und Wilson 2005, S. 127 f.). Es sollte
beiden Seiten klar sein, dass es eine **Lernkurve** geben wird und gerade die zeitlichen Vorausplanungen dies entsprechend berücksichtigen müssen (vgl. Bravard
und Morgan 2009, S. 43, 81 f.).

Als Vorbereitung für die Verhandlungen mit dem Wunsch-Outsourcing-Anbie-
ter empfiehlt es sich, sich selbst noch einmal die Frage zu stellen, was man denn
eigentlich wirklich erreichen möchte. Sind die Outsourcing-Bestrebungen primär
von Kostendruck stimuliert? Möchte man mit der Outsourcing-Entscheidung auch
Transformationen in Prozessen bewirken? Gibt es Schwächen im eignen Unternehmen (z. B. beim Ressourcenpotenzial, bei Know-how Komponenten, etc.) die
der Outsourcing-Partner abfedern soll? (vgl. Bravard und Morgan 2009, S. 112 ff.)
Solche Fragen helfen dabei die eigene **strategische Perspektive** in Verhandlungen
zu schärfen. Eine Zielplanung, ganz analog zu klassischen Projektmanagement-
techniken, ist hier durchaus angebracht, um spätere Change- und Claimprobleme
zu vermeiden. Fragen die in den Verhandlungen, ganz egal von welcher Seite, unter
den Teppich gekehrt werden, werden typischerweise später und in unangenehme-
rer Form wieder ans Tageslicht gespült und zu Problemen und Krisen führen. Gute
Outsourcing-Anbieter werden sich dadurch auszeichnen, dass sie um Unklarheiten
zu beseitigen rechtzeitig Fragen wie „was wollen sie mit den Outsourcing-Maßnahmen eigentlich erreichten?" stellen werden und so versuchen die Ziele klar zu
fokussieren. ProjektmanagerInnen werden solche Zielfokusierungen aus ihren Pro-
jektaufträgen hoffentlich gut bekannt sein.

In den Detailverhandlungen wird es notwendig sein Daten und Fakten des eige-
nen Unternehmens zumindest teilweise **offen zu legen**, um sinnvolle Vereinbarungen schließen zu können. Das können Mengengerüste (z. B. wie viel, welcher
Leistungen wird in den betroffenen Bereichen benötigt), Prozessabläufe usw. sein.
Solches Datenmaterial muss zuerst sauber erhoben bzw. dokumentiert werden (siehe auch Kap. 3.1.2). Verträge die auf falschen Datengrundlagen basieren laufen
Gefahr später durch Nachforderungen oder Nachverhandlungen teuer zu werden.
**Gute Kenntnisse über das eigene Unternehmen sind aber nicht selbstver-
ständlich** wie Worst-Case Beispiele selbst großer und renommierter Unternehmen
immer wieder zeigen (siehe dazu z. B. Bravard und Morgan 2009, S. 116). Und zu
guter Letzt darf auch eine **Regelung** nicht fehlen, die **im Falle eines Scheiterns**
der Outsourcing-Beziehung hilft weiteren Schaden so gut es geht einzudämmen –
ganz analog zu einem guten Ehevertrag (vgl. Bravard und Morgan 2009, S. 72).

3.2.4 Umsetzung(splanung)

Blickt man in die Phase der eigentlichen Umsetzung einer Outsourcing-Maßnahme, lassen sich eine Vielzahl von Arbeiten identifizieren, die umgesetzt werden müssen, um den späteren, hoffentlich reibungslosen Betrieb sicherstellen zu können. In vielen Fällen wird die **Umsetzung durch ein Projekt** passieren, da die klassischen Projektmerkmale wie Neuartigkeit, Komplexität, Risiko, Interdisziplinarität usw. (siehe z. B. Patzak und Rattay 2009, S. 20). hier ganz besonders gut zum Ausdruck kommen.

Einige Arbeiten, die in so einem Umsetzungsprojekt zu erledigen sind, können z. B. sein:

- Neuregelungen von Zuständigkeiten,
- Neuorganisation betrieblicher Aufbaustrukturen,
- Ordnen bzw. Aufbau von Schnittstellen,
- kulturellen Wandel initiieren und managen,
- Schulungen und Know-how Transfer,
- Personalum- oder -abbau,
- Prozessadaptionen,
- Sammlung und Übergabe von Daten,
- Adaptionen an IT-Systemen,
- Veränderungen in Kommunikationsabläufen,
- Prozess- bzw. Projektmarketing,
- Dokumentation.

Bei der **zeitlichen Umsetzungsplanung** wird sich auch zeigen, wie schnell das Outsourcing-Vorhaben umgesetzt werden kann bzw. wie langwierige Anpassungs-, Übergabe und Implementierungsprozesse angelegt werden müssen. Beide Seiten – abgebender und übernehmender Partner – müssen mit Lerneffekten, anfänglichen Leerläufen und Holpersteinen rechnen. Zeitpolster für Fehler- und Problemmanagement müssen eingeplant werden.

Ganz grundsätzlich kann auch zwischen einem Big Bang Übergang und einem kontinuierlichen Übergang unterschieden werden. Im Big Bang Szenario müssen vor dem eigentlichen Stichtag alle Vorbereitungen abgeschlossen werden, im kontinuierlichen Fall kann parallel an Anpassungen, Verbesserungen und Problembehebungen gearbeitet werden.

Die Umsetzungsplanung muss auch mit guter und strukturierter (interner) **Kommunikation bzw. mit Projektmarketing** einhergehen. Spätestens, wenn die ersten konkreten Planungsschritte gemacht werden, lassen sich

Outsourcing-Bestrebungen nicht mehr geheim halten, und spätestens dann müssen die Betroffenen bzw. alle, die sich vielleicht auch nur für betroffen halten (MitarbeiterInnen, Zulieferer etc.) kompetent und strukturiert informiert werden. Panik bzw. Panikmache ist unter allen Umständen zu vermeiden und der oft brodelnden Gerüchteküche kann nur mit **proaktiver Informationspolitik** begegnet werden. Die Ziele und Potenziale eines Outsourcing-Vorhabens müssen den unterschiedlichen Stakeholdern glaubhaft dargestellt werden, auf Bedenken muss seriös eingegangen werden – hier liegen auch noch Potenziale für weitere Verbesserungen – und Gruppen, die durch das Outsourcing Nachteile erleiden (z. B. Personal, das danach abgebaut werden soll), müssen neue Perspektiven aufgezeigt werden, damit die Outsourcing-Bemühungen nicht torpediert werden.

Als Ergebnis dieser Planungsphase entstehen ganz analog zum klassischen Projektmanagementansatz **Pläne bzw. Dokumente:** (vgl. Brown und Wilson 2005, S. 68 ff.)

- Zieleplan, Charter, Scopeplanung,
- Business Case, Cost Benefit Analyse,
- Prämissen, Voraussetzungen, Beschränkungen,
- kritische Erfolgsfaktoren,
- Strukturplan (PSP),
- Zeit-/Ablaufplan,
- Ressourcenplan,
- Kosten- und Finanzplanung,
- Rollenfestlegung, Funktionen, Verantwortlichkeiten,
- Kommunikationsplan,
- Risikomanagementplan,
- Qualitätsplan,
- …

3.3   Notwendige Rahmenbedingungen

Wenn Kinder spielen, liegen Probleme und Lösungen meist nahe beieinander. Wenn aus Kindern Manager werden, neigen sie zu der Überzeugung, dass die größere Welt genauso funktioniert. (Peter M. Senge (*1947), Direktor des Center for Organizational Learning an der MIT Sloan School of Management in Cambridge (Massachusetts))

Im Black Book of Outsourcing werden gleich in der Einleitung drei Gründe genannt, warum es in vielen Unternehmen zu Problemen beim Outsourcing kommt.

Das sind Defizite bei den Skills im Prozess- und Projektmanagement(!), Schwierigkeiten, die Arbeiten richtig zu spezifizieren, und der Mangel an den richtigen Metriken, um Leistungen zu messen (vgl. Brown und Wilson 2005, S. 2; siehe auch Oshri et al. 2011, S. 53). Dazu kommen aber noch einige andere Rahmenbedingungen, die beachtet werden sollten, um erfolgreiches Outsourcing zu begünstigen. In manchen Publikationen wird z. B. *„Kommunikation, Kommunikation, Kommunikation"* gepredigt.

Prinzipiell ist offensichtlich, dass ein Unternehmen in der Lage sein muss, zu **analysieren, welche Prozesse** sich für ein Outsourcing eignen. Dazu müssen einige Hausaufgaben erledigt sein:

- Prozesse müssen dokumentiert sein,
- Verantwortlichkeiten für Prozesse müssen geklärt sein,
- Prozessverantwortliche brauchen eine Mindestmaß an Know-how im Prozessmanagement und
- Unternehmensvisionen und Strategien müssen klar sein, um Outsourcing-Überlegungen daran auszurichten.

Gibt es in diesen Bereichen noch Schwächen, sind zuerst die entsprechenden Vorarbeiten notwendig, um die Organisation fit für erfolgreiches Outsourcing zu machen. Hier sind Weiterbildungen angesagt und die Arbeit am Verständnis der eigenen Arbeitsprozesse und der eigenen Organisation steht im Vordergrund.

Ein nächster sinnvoller Schritt, gute Rahmenbedingungen für Outsourcing zu schaffen, ist ein Blick auf die **organisatorische Aufstellung des Unternehmens** und die Zusammenarbeit zwischen Organisationseinheiten (vgl. Geist et al. 2012a, S. 43 f.).

- Ist die bestehende Aufbauorganisation wirklich optimal geeignet oder sind hier eigentlich schon Anpassungen (über-)fällig?
- Ist die Organisation transparent dokumentiert und sind die einzelnen Rollen der Funktionsträger klar beschrieben?
- Können die eigenen Leistungen in Punkto Quantität und Qualität überhaupt spezifiziert und gemessen werden?
- Ist eine interne Leistungsverrechnung möglich?
- Sind intern Service Level Vereinbarungen vorgesehen?
- Wie gut funktionieren die Schnittstellen zwischen verschiedenen Organisationseinheiten im Unternehmen (wirklich)?

Wie oben schon erwähnt, wird eine gute Kommunikationsfähigkeit als Voraussetzung gesehen, gut mit dem Outsourcing-Partner zusammenarbeiten zu können (vgl. Hermes und Schwarz 2005, S. 215 f.). Die **Kommunikationsfähigkeit** lässt sich dabei in unterschiedliche Aspekte auffächern:

- Funktionierende (technische) Kommunikationskanäle bilden eine gewisse Basis.
- Die Kommunikationsbereitschaft und -kultur kann als Teil einer bestehenden Unternehmenskultur betrachtet werden.
- (Fremd-) Sprachenkenntnisse der Mitarbeiterinnen und Mitarbeiter sind gerade bei Offshoring-Überlegungen vorab zu berücksichtigen.
- Erfahrungen bei der Zusammenarbeit und im Umgang mit Partnern und Service Providern müssen in einem Unternehmen über die verschiedenen Organisationseinheiten nicht unbedingt gleich verteilt sein.
- Der Wille, Wissen miteinander zu teilen bzw. Wissen weiterzugeben, kann sehr unterschiedlich ausgeprägt sein, gefördert werden oder sogar blockiert sein. Für einen guten Wissenstransfer zwischen den Outsourcing-Partnern ist eine grundlegende Offenheit und die Fähigkeit, Wissen explizit zu machen und zu teilen, notwendig. Diese Fähigkeiten müssen explizit gefördert werden bzw. dürfen keine Anreize bestehen, Know-how nicht weitergeben zu wollen (Manche Know-how Träger könnten sehr vorsichtig agieren, um sich nicht selbst wegzurationalisieren).

Die 2011 im deutschsprachigen Raum durchgeführte Studie von Kreindl/Ortner/ Schirl (vgl. Kreindl et al. 2012, S. 42 ff.) dokumentierte eine ganze Reihe von Rahmenbedingungen, die die dort befragten PM-Professionals als besonders wichtige beim Outsourcing im Projektmanagement ansehen. Dazu gehören zu allererst:

- definierte Schnittstellen zwischen den Organisationseinheiten,
- hohe Projektkultur der Organisation und
- wirklich gelebte Transparenz sowie
- ein akzeptiertes Projektmanagement-Glossar als Grundlage für ein einheitliches [Projektmanagement-] Verständnis und
- ein hoher Grad von Entscheidungsbefugnis der Projektleitung.

Weiters werden
- die Trennung in möglichst überschneidungsfreie Aufgabe bzw. Tätigkeiten innerhalb der Organisation,

- arbeitsrechtliche Fragen,
- große Flexibilität der Organisation und
- eine gelebtes, funktionierendes Projektportfoliomanagement an prominenter Stelle genannt. Bedingungen wie
- hohe Prozessdurchdringung,
- Seniorität der PM-Community im Unternehmen und
- adäquate Toolunterstützung im PM runden das Bild ab.

Diese Sichtweisen bestätigten die allgemeinen Rahmenbedingungen des Outsourcings wie **Prozessorientiertheit, adäquate Organisation und Kommunikation** und erweitern das notwendige Framework um Projektmanagement-spezifische Aspekte, die sich im Wesentlichen mit ausreichender **Projektmanagement-Maturity** zusammenfassen lassen.

Literatur

Bravard, J.-L., & Morgan, R. (2009). *Intelligentes und erfolgreiches Outsourcing. Ein kompakter Leitfaden für das rationale Auslagern von Unternehmensprozessen.* München: FinanzBuch.

Brown, D., & Wilson, S. (2005). *The black book of outsourcing.* Hoboken: Wiley.

Dittrich, J., & Braun, M. (2004). *Business process outsourcing.* Stuttgart: Schäffer-Poeschel.

Geist, R., Ortner, G., Schirl, I., & Stockinger, T. (2012a). Out-tasking: A new trend in project management. In H. Knoepfel & J. Martinez-Almela (Hrsg.), *Future trends in project, programme and portfolio management 2012* (S. 39–47). Nijkerk: IPMA.

Geist, R., Ortner, G., Schirl, I., & Stockinger, T. (2012b). Out-tasking. PM World Journal, I(II). http://pmworldjournal.net/wp-content/uploads/2012/09/PMWJ2-Sep2012-GEIST-ORTNER-SCHIRL-STOCKINGER-OutTasking.pdf

Hermes, H.-J., & Schwarz, G. (2005). *Outsourcing.* München: Rudolf Haufe.

Kerner, J. (2009). *Erfolgsfaktoren des internationalen Outsourcing-Projektmanagements.* Hamburg: Verlag Dr. Kovac.

Kreindl, E., Ortner, G., & Schirl, I. (2012). Outsourcing von Projektmanagement-Aktivitäten, Studie an der FH des bfi Wien. http://www.fh-vie.ac.at/Forschung/Publikationen/Studien/Outsourcing-von-Projektmanagement-Aktivitaeten. Zugegriffen: 1. Sept. 2014.

Oppenauer, G. (2007). *Outsourcing von Geschäftsprozessen. Grundlagen und Vergleich des Branchenprimus Indien mit anderen Destinationen.* Saarbrücken: VDM.

Ortner, G., & Stur, B. (2011). *Das Projektmanagement-Office.* Heidelberg: Springer.

Oshri, I., Kotlarsky, J., & Willcocks, L. (2011). *The handbook of global outsourcing and offshoring* (2. Aufl.). New York: Palgrave Macmillan.

Patzak, G., & Rattay, G. (2009). *Projektmanagement: Leitfaden zum Management von Projekten, Projektportfolios und projektorientierten Unternehmen* (5. Aufl.). Wien: Linde.

Skrzipek, S. (2002). Outsourcing von Dienstleistungen - Chancen und Risiken. München: Grin Verlag.

Vagadia, B. (2012). *Strategic outsourcing.* Heidelberg: Springer.

Analyse verschiedener PM Prozesse   4

*Analyse, die: Erster Schritt zur Fehlerlösung, kann und
wird im Normalfall übersprungen, um dann unter hohem
Kosten- und Zeitdruck später nachgeholt zu werden.*
(Karsten Mekelburg (*1962), deutscher Satiriker)

Wie schon in Kap. 2 dargestellt, sind die Aufgaben, denen man sich im Projektmanagement gegenübersieht, überaus vielfältig. Im Kontext mit Outsourcing-Überlegungen wird schnell klar, dass sich nicht alle diese Aufgaben und Prozesse gleich gut oder schlecht für Outsourcing eignen werden. Im Folgenden sollen daher nun die Erfolgsaussichten von Outsourcing-Bestrebungen bei den verschiedenen PM-Prozessen/Aktivitäten untersucht werden.

Dabei verwenden wir die sieben Prozessgruppen, die in Abschn. 2.4 aus den drei Standardmodellen (PMI, IPMA, ISO) abgeleitet wurden, und analysieren die Prozesse der Vorprojektphase, der Projektstartphase, der Projektplanung, der Projektumsetzung und -koordination, des Projektcontrollings, für Projektkrisen und die Prozesse des Projektabschlusses.

Die Analyse, wie gut sich einzelne PM-Prozesse für Outsourcing eignen, wird dabei nach einem einheitlichen Kriterienkatalog so transparent wie möglich abgearbeitet. Die dabei verwendeten Kriterien stützen sich weitgehend auf die Ergebnisse aus der empirischen Untersuchung von Kreindl et al. (2012, S. 52 f.), die unter Projektmanagement PraktikerInnen 2011 durchgeführt wurde und um Erkenntnisse aus der allgemeinen und schon sehr umfangreichen Outsourcing-Literatur erweitert wurde. Wir konzentrieren uns auf die acht Kriterien:

- klare Abgrenzbarkeit, eindeutiges Ergebnis: Prozesse sollen wenn möglich eindeutig abgrenzbar sein und es sollen keine Überlappungen mit anderen Aufgaben bestehen. Auch sollen Ergebnisse (Artefakte) nur von diesem Prozess abhängen und nicht auch von anderen.
- wenig/viel organisatorisches und/oder unternehmenskulturelles Know-how bzw. Kontextwissen notwendig: Ist zum guten Abarbeiten eines Prozesses oder einer Aufgabe sehr umfangreiches Wissen über andere Bereiche, Eigenarten oder Verhaltensweisen notwendig, können Dritte nur nach umfangreichen Einarbeitungsbemühungen und sehr viel Transfer von Know-how gute Ergebnisse erzielen.
- geringe/hohe Priorität für das Projekt: Die Aufgabe soll wichtig genug sein, um auch mit genug Aufmerksamkeit verfolgt zu werden. Andererseits werden Bereiche mit Top-Priorität auch sehr oft lieber zur Chef-Sache erklärt und selber erledigt. Bei sehr wichtige Aufgaben bzw. Entscheidungen bedarf es u. U. auch großer formaler Entscheidungskompetenz, die oft nur schwer nach außen delegiert werden kann.
- geringer/hoher Anspruch an Security/Geheimhaltung, wenig sensible Daten (Datenschutz, Betriebsgeheimnisse, …): Sind interne Betriebsgeheimnisse im Spiel oder wird mit schützenswerten Daten umgegangen, schränkt das die Möglichkeit der Zusammenarbeit mit Dritten ein. Teilweise können hier auch gesetzliche Beschränkungen (z. B. Datenschutzgesetze, nationale Sicherheitsaspekte, …) eine Rolle spielen. Unter Umständen sind besondere technische Voraussetzungen (in der Kommunikation, Speicherung der Daten, Vertraulichkeitsüberprüfungen, …) notwendig, die wiederum dann nicht mehr wirtschaftlich sind.
- Kommunikationsintensität (vgl. Dittrich und Braun 2004, S. 46): Je intensiver kommuniziert werden muss, entweder in der Häufigkeit oder mit einer großen Anzahl von Kommunikationspartnern, umso aufwendiger und auch schwieriger kann das für Dritte werden, die oft nicht nur nicht vor Ort sind, sondern oft über beträchtliche Distanzen (geographisch, aber auch sprachlich und kulturell) von den Kommunikationspartnern getrennt sind.
- Schnittstellen (-komplexität): Wenige und einfache Schnittstellen erleichtern die Zusammenarbeit unterschiedlicher Parteien. Wird das Szenario komplexer, steigt der damit verbundene Aufwand und auch mögliche Fehlerquellen werden vielfältiger.

- Granularität der Aufgabe: Hohe Granularität führt dazu, dass Aufgaben gut und prägnant beschrieben, verstanden und auch umgesetzt werden können. Das vereinfacht die Zusammenarbeit verschiedener Beteiligter und schränkt Schnittstellen- und Kommunikationskomplexität ein.
- Aufwand für Sammlung und Dokumentation von Kontextinformation (als Basis für Outsourcing): Wie aufwändig ist es, dem Partner die Informationen bereit zu stellen, die er für das Erbringen seiner Leistungen idealerweise benötigt? In manchen Bereichen sind viele und schon gut aufbereitete Informationen vorhanden, in anderen kann schon alleine die Erhebung solcher Informationen ein maßgeblicher Aufwand werden, ganz abgesehen vom Aufwand für eine sinnvolle Aufbereitung und Dokumentation.

Um dabei den Überblick zu erleichtern, soll eine einheitliche Orientierungsgrafik für jeden analysierten Prozess auf einen Blick eine schnelle Übersicht bieten (Abb. 4.1).

Inwieweit sich Outsourcing-Überlegungen beim ein oder anderen Prozess anbieten ist aber immer auch aus dem jeweiligen Unternehmenskontext zu sehen. Hier können seriös keine One-fits-All Lösungen postuliert werden. Auch die Fragestellung, wie wirtschaftlich sinnvoll – entstehende Kosten vs. generierter Nutzen – solche Überlegungen dann letztendlich sind, muss von Fall zu Fall betrachtet und analysiert werden, hier gibt es zu viele Variationsmöglichkeiten, was die Rahmenbedingungen in unterschiedlichen Unternehmen (z. B. Kosten- und Personalstrukturen), welche genauen strategischen Zielsetzungen hinter den Überlegungen stehen oder was individuelle Projektmanagementvorgehensmodelle betrifft.

Prozess Beispiel		
	kritisch	problemlos
Abgrenzbarkeit, eindeutiges Ergebnis	x	
Organisatorisches, Kulturelles, Kontextwissen		x
Priorität für das Projekt	x	
Security, Geheimhaltung, Datensensibilität		x
Kommunikationsintensität	x	
Schnittstellenkomplexität		x
Granularität der Aufgabe		x
bestehende Dokumentation und Kontexinfos		x
Gesamtsicht	X	

Abb. 4.1 Kurzübersicht Prozessanalyse

4.1 ˙ Prozesse der Vorprojektphase

Die Vorprojektphase wird in der Regel nicht den eigentlichen Projekten zugeordnet. Oft sind hier andere Personen als die späteren Projektleiterinnen und Projektleiter mit der eigentlichen Findung und Definition von Projekten beschäftigt. Diese
handelnden Personen bringen oft nicht die gleichen Erfahrungen oder Ausbildun-
gen mit wie diejenigen, die später die Projekte leiten werden. Sie haben andere Perspektiven und Erwartungen von Projekten und in vielen Fällen sind die Prozesse in
der Vorphase nicht wirklich klar geregelt oder auch nur dokumentiert. Unternehmen, die Projektportfolio- und/oder Programmmangement betreiben, besitzen hier
üblicherweise klarere Prozessdefinitionen und auch Personal, das für die Tätigkeiten, die dieser Phase zugeordnet werden, besser vorbereitet ist.

4.1.1 Ideensuche

Einem Projekt gehen in der Regel eine oder mehrere Ideen voraus. Diese Ideen
können aus ganz unterschiedlicher Quelle stammen. Das können z. B. Anfragen
von potenziellen oder schon bestehenden Kunden sein, Ideen von Mitarbeitern und
Mitarbeiterinnen für neue oder verbesserte Produkte oder Prozesse, Vorschläge
von Marketing oder Verkauf, Ziele, die vom Top-Level-Management ausgearbeitet
werden, Veränderungen, die durch Change Prozesse angeregt werden, oder Vorgaben durch veränderte Rahmenbedingungen, die die Unternehmensumwelt be-
stimmen (z. B. Gesetze oder Regulative) sein.

Solche Ideen sollten zunächst gesammelt und aufbereitet werden, um einer
strukturierten späteren Entscheidungsfindung zugeführt werden zu können. Schon
dieser Prozess zeigt in vielen Unternehmen, mit welchem Reifegrad an Projektmanagement im Allgemeinen herangegangen wird und ob systematisch und transparent in der Vorbereitung wichtiger Entscheidungen gearbeitet wird. Betrachtet
man diesen Prozess nach den obigen acht Kriterien, ist es eher unwahrscheinlich,
dass die Ideensuche sinnvoll an einen außenstehenden Partner abgegeben werden
kann (Abb. 4.2).

4.1.2 Zielbeschreibung

Die Ideen werden durch (grob) beschriebene Ziele dargestellt. Eine erste Überprüfung auf Übereinstimmung mit den Unternehmenszielen (Alignment mit strategischen Zielen) soll erfolgen. Ideen, die nicht adäquat mit den Unternehmenszielen zusammenpassen, können ausgeschieden werden. In der Zielbeschreibung
sind unterschiedliche Perspektiven relevant, und die Vorstellungen unterschied-

Prozess Ideensuche		
	kritisch	problemlos
Abgrenzbarkeit, eindeutiges Ergebnis		x
Organisatorisches, Kulturelles, Kontextwissen	x	
Priorität für das Projekt		x
Security, Geheimhaltung, Datensensibilität		x
Kommunikationsintensität	x	
Schnittstellenkomplexität	x	
Granularität der Aufgabe		x
bestehende Dokumentation und Kontexinfos	x	
Gesamtsicht	X	

Abb. 4.2 Prozess Ideensuche

licher Stakeholder bzw. Stakeholdergruppen sind zu berücksichtigen. Da können z. B. die Wünsche eines Kunden, der die Ideen an den Verkauf herangetragen hat, mit den Notwendigkeiten, die F&E bei der Realisierung so einer Idee sieht, und strategischen Gesichtspunkten von Unternehmensführung und/oder Marketing zusammenspielen, um nur drei Perspektiven zu nennen. Bei der Zielbeschreibung können ganz individuell von der Art der Idee abhängig die unterschiedlichsten Einflussfaktoren mit einwirken. Hier stehen die Chancen für Outsourcing denkbar schlecht wie Abb. 4.3 zeigt.

Prozess Zielfindung		
	kritisch	problemlos
Abgrenzbarkeit, eindeutiges Ergebnis		x
Organisatorisches, Kulturelles, Kontextwissen	x	
Priorität für das Projekt	x	
Security, Geheimhaltung, Datensensibilität		x
Kommunikationsintensität	x	
Schnittstellenkomplexität	x	
Granularität der Aufgabe		x
bestehende Dokumentation und Kontexinfos	x	
Gesamtsicht	X	

Abb. 4.3 Prozess Zielfindung

4.1.3 Project Business Case erstellen

Projektideen, die eine gewisse Größenordnung übersteigen und mit entsprechendem Ressourceneinsatz bzw. Kosten verbunden sind (Investitionen), sollten vor einer Beauftragung einer möglichst objektiven Kosten-Nutzen-Gegenüberstellung unterzogen werden. Hier soll beurteilt werden, wie wirtschaftlich sinnvoll der Vorschlag überhaupt ist und ob der langfristige Nutzen – und hier wird auch der Nutzen aus der späteren Verwendung der Projektresultate, also die Nutzungsziele berücksichtigt – die Investition in das Projekt rechtfertigt (Abb. 4.4).

Bei der Erstellung des Business Cases lassen sich recht gegenläufige Ausprägungen der Beurteilungskriterien erkennen. Einerseits können Sicherheits- bzw. Geheimhaltungsprobleme auftreten, die Bewertung von Investitionen ist ja durchaus eine strategisch wichtige Information. Andererseits sind vielleicht für ein bestimmtes Szenario externes Know-how bzw. Erfahrungen bei der Einschätzung und Beurteilung von Marktchancen, Kosten, Risiken usw. ein wichtiger Faktor. Vielleicht lässt sich daher die Arbeit an einem Business Case nicht in allen Fällen an Externe weitergeben, sondern eher nur in den Fällen, wo für die Unternehmensstrategie wenig sensible Ideen bewertet werden sollen, oder wo im Unternehmen zu wenig Erfahrung bzw. Know-how (z. B. technisches Vorwissen, Markterfahrung, …) auf dem Gebiet der Idee vorhanden ist.

Prozess Project Business Case		
	kritisch	**problemlos**
Abgrenzbarkeit, eindeutiges Ergebnis		x
Organisatorisches, Kulturelles, Kontextwissen		x
Priorität für das Projekt	x	
Security, Geheimhaltung, Datensensibilität		x
Kommunikationsintensität	x	
Schnittstellenkomplexität		x
Granularität der Aufgabe		x
bestehende Dokumentation und Kontexinfos		x
Gesamtsicht		X

Abb. 4.4 Prozess Project Business Case

4.1.4   Ranking (Priorisierung) und Selektion

Konkurrieren schließlich mehrere Projektideen miteinander bzw. innerhalb eines beschränkten Budgets oder beschränkter Ressourcen, müssen sie in eine Reihenfolge für die Beauftragung und Abarbeitung gebracht werden. In diesem Zusammenhang ist es für viele Entscheidungsträger (z. B. Abteilungsleitungen, aber auch Portfoliogruppen oder Portfoliomanager) besonders schwierig, neutrale bzw. objektive Entscheidungen zu treffen. Wahrscheinlich hat sich so mancher hier schon einmal möglichst emotionslose, sachliche und nicht durch persönliche Befindlichkeiten geprägte Entscheidungen gewünscht. Man könnte also durchaus argumentieren, dass hier – möglichst neutrale – Dritte einen guten Beitrag zur sinnvollen Gestaltung solcher Projektideenpriorisierungen leisten können. Aber Voraussetzung ist jedenfalls, dass ein umfassendes und klares Verständnis für die Bedürfnisse, Strategien, Möglichkeiten und Grenzen der Organisation vorhanden ist. Das kann für Außenstehende eine schwierige Aufgabe darstellen, gerade wenn auch sogenannte „weiche Faktoren" bei solchen Entscheidungsfindungen eine wichtige Rolle spielen (Abb. 4.5).

Prozess Ranking und Selektion		
	kritisch	**problemlos**
Abgrenzbarkeit, eindeutiges Ergebnis		x
Organisatorisches, Kulturelles, Kontextwissen	x	
Priorität für das Projekt	x	
Security, Geheimhaltung, Datensensibilität		x
Kommunikationsintensität	x	
Schnittstellenkomplexität	x	
Granularität der Aufgabe		x
bestehende Dokumentation und Kontexinfos	x	
Gesamtsicht	**X**	

Abb. 4.5 Prozess Ranking und Selektion

4.1.5   Erstellen des Projektauftrages

Mit der Erstellung des Projektauftrages wird nicht nur der formale Beginn eines Projektes definiert und damit die Projektvorphase beendet, sondern es wird

spätestens hier auch die Person festgelegt, die die Rolle des (internen) Projektauf-
traggebers wahrnehmen wird. Gleichzeitig wird über die Person, die die Projektleitung übernimmt, entschieden, und es werden die Projektziele und auch wichtige
Rahmenbedingungen (wie Zeit, Kosten und Ressourcen) für das Projekt fixiert. Es
bedarf hier also klarer formaler Entscheidungskompetenzen. Würde man versuchen, diese Aufgabe an Dritte zu delegieren, würde das bedeuten, dass die Kompe-
tenz, wichtige bzw. vielleicht schwerwiegende unternehmerische Entscheidungen
zu treffen, an eine externe Partei mit abgegeben werden müsste. Es sind hier kaum
Szenarien denkbar, die Outsourcingbestrebungen so weitreichend legitimieren
würden (Abb. 4.6).

Prozess Erstellung des Projektauftrages		
	kritisch	problemlos
Abgrenzbarkeit, eindeutiges Ergebnis		x
Organisatorisches, Kulturelles, Kontextwissen		x
Priorität für das Projekt	x	
Security, Geheimhaltung, Datensensibilität		x
Kommunikationsintensität	x	
Schnittstellenkomplexität		x
Granularität der Aufgabe		x
bestehende Dokumentation und Kontexinfos	x	
Gesamtsicht	X	

Abb. 4.6 Prozess Erstellung des Projektauftrages

4.2 Prozesse der Projektstartphase

Der Übergang von der Vorprojektphase in das Projekt selbst ist eigentlich in der
Theorie eindeutig durch die Unterzeichnung des Projektvertrages definiert. Trotzdem sind in der Praxis durchaus „schleichende" Übergänge möglich. Das hängt
teilweise schon daran, wann welche Personen Schritt für Schritt in das Projekt involviert werden. Sind die späteren Projektleiterinnen und Projektleiter schon in die
Vorphase eingebunden? Wann werden welche Stakeholder informiert oder in Entscheidungen mit eingebunden? Wer formiert wann das eigentliche Projektteam?
Wer darf dabei mitentscheiden? Diese und ähnliche Fragen weichen die Grenze

zwischen Vorphase und Projekt in der Praxis oft auf. Aber spätestens in der Projektstartphase müssen einige Dinge erledigt werden, sofern sie nicht schon im Vorfeld behandelt wurden.

4.2.1   Ermitteln der Stakeholder

Abhängig von der Größe und Komplexität eines Projektes empfiehlt es sich, unmittelbar beim Projektstart die Stakeholder des Projektes zu identifizieren, um wichtige Stakeholder in die spätere Projektorganisation integrieren zu können. Das soll einerseits dabei helfen, mehr und bessere Unterstützung für das Projekt zu bekommen, und andererseits die spätere Akzeptanz der Projektergebnisse zu sichern. Hier müssen auch strategische Entscheidungen getroffen werden, wenn es darum geht, wer, wie intensiv in das spätere Projektgeschehen bzw. die Projektarbeit integriert werden soll und wer nicht. Für solche Entscheidungen braucht es einiges an Kontextwissen, Erfahrungen mit der projektdurchführenden Organisation und mit der die Organisation bzw. das Projekt umgebenden Umwelt. Außerdem ist hier strategisches Denken und ein gehöriges Maß an Fingerspitzengefühl wichtig, um die richtigen Stakeholder zu involvieren und andere nicht vor den Kopf zu stoßen. Das ist ein Prozess, der sich nicht leicht an Externe auslagern lässt. Zusätzlich sind hier vielleicht diffizile Verhandlungen notwendig, um für das Projekt bestmöglich aufgestellt zu sein (Abb. 4.7).

Prozess Stakeholderidentifikation		
	kritisch	**problemlos**
Abgrenzbarkeit, eindeutiges Ergebnis		x
Organisatorisches, Kulturelles, Kontextwissen	x	
Priorität für das Projekt	x	
Security, Geheimhaltung, Datensensibilität		x
Kommunikationsintensität	x	
Schnittstellenkomplexität	x	
Granularität der Aufgabe		x
bestehende Dokumentation und Kontexinfos	x	
Gesamtsicht	X	

Abb. 4.7 Prozess Stakeholderidentifikation

4.2.2   Zusammenstellung des Projektteams

Die (temporäre) Projektorganisation wird unter Einbeziehung interner und externen Personalressourcen konstruiert und im Projekt-Kickoff zusammengeführt. Außerdem wird festgelegt, wie die Projektorganisation in die übrige Organisation eingebettet wird. Klassische Formen sind die reine Projektorganisation, Matrixorganisationen, Stab-Linien oder Einflussorganisationen oder Poolorganisationen (siehe u. a. Patzak und Rattay 2009, S. 169). In den Fällen, wo sich die Mitglieder der Projektorganisation nicht oder noch nicht gut genug kennen, sind Teambuildingaktivitäten empfohlen. Gerade bei virtuellen bzw. verteilten Teams ist ein Kennenlernen und ein Vertrauensaufbau besonders wichtig, um für die spätere Zusammenarbeit ein leistungsfähiges Team formen zu können. Solche Maßnahmen können durchaus durch Externe unterstützt werden (z. B. durch Teamtrainings, Moderation, Mediation, Kulturtrainings, Boot Camps) (Abb. 4.8).

Prozess Teamzusammenstellung	kritisch	problemlos
Abgrenzbarkeit, eindeutiges Ergebnis		x
Organisatorisches, Kulturelles, Kontextwissen	x	
Priorität für das Projekt	x	
Security, Geheimhaltung, Datensensibilität		x
Kommunikationsintensität	x	
Schnittstellenkomplexität	x	
Granularität der Aufgabe		x
bestehende Dokumentation und Kontexinfos	x	
Gesamtsicht	X	

Abb. 4.8 Prozess Teamzusammenstellung

4.2.3   Definition des Leistungsumfanges

Die im Projektauftrag vorgegebenen Ziele werden genauer analysiert und wenn notwendig gemeinsam mit dem Team und dem Auftraggeber weiter geschärft und ausformuliert. In manchen Projekten wird dafür eine explizite Rolle geschaffen, der Requirements Engineer. Ein klares Zielverständnis ist in jedem Projekt besonders wichtig. Studien wie z. B. der Chaos Report der Standish Group[1] zeigen immer wieder auf beeindruckende Art und Weise, wie wichtig die saubere und von allen Beteiligten gemeinsam verstandene Zieldefinition ist, um später einen Projekterfolg erreichen zu können. Komplexe Zielsetzungen müssen verstanden und auf Teilziele und Zwischenergebnisse heruntergebrochen werden. Es muss klar sein, welche Faktoren für den Projektauftraggeber erfolgswirksam bzw. erfolgsnotwendig sind und welche Prioritäten zwischen verschiedenen Zielen bestehen. In manchen Projekten sind Terminziele besonders wichtig, in anderen Projekten spielen wiederum Kostenaspekte eine wichtige Rolle und wieder andere legen besonderen Wert auf qualitativ hochwertige Ergebnisse. Das muss vom Projektteam eindeutig verstanden werden, um darauf die Planung und die spätere Arbeit an den Projektergebnissen aufbauen zu können. Hier kann es notwendig sein, Leute mit besonderer Expertise bei der Analyse der Ziele mit einzubeziehen, gerade wenn vielleicht wenig Erfahrungen und Know-how im Bereich der umzusetzenden Projektinhalte besteht (Abb. 4.9).

Prozess Definition Leistungsumfang	kritisch	problemlos
Abgrenzbarkeit, eindeutiges Ergebnis		x
Organisatorisches, Kulturelles, Kontextwissen	x	
Priorität für das Projekt	x	
Security, Geheimhaltung, Datensensibilität		x
Kommunikationsintensität	x	
Schnittstellenkomplexität	x	
Granularität der Aufgabe		x
bestehende Dokumentation und Kontexinfos	x	
Gesamtsicht	X	

Abb. 4.9 Prozess Definition Leistungsumfang

---

[1] Die Standish Group (http://www.standishgroup.com/) beschäftigt sich seit den frühen 1990er Jahren mit den Erfolgs- und Misserfolgsfaktoren in IT-Projekten. Die Studie gehört wohl zu den bekanntesten und wichtigsten Langzeitstudien im Bereich Projektmanagement. Es wurden mittlerweile mehrere 10.000 Einzelprojekte untersucht. Alle zwei Jahre erscheint ein Update der Studie.

4.2.4   Schätzung des Ressourcen- und Zeitbedarfes

Eine erste genauere Abschätzung bezüglich der notwendigen Ressourcen (Sach-, Personal-, Zeit- und Finanzressourcen) für die Umsetzung kann dann getroffen werden, wenn das geforderte Leistungsspektrum klar und eindeutig definiert ist. Diese Abschätzung muss mit den im Auftrag definierten Rahmenbedingungen abgeglichen werden. Tritt hier schon ein grobes Missverhältnis zwischen Notwendigkeiten und Möglichkeiten auf, sollten die Rahmenbedingungen und Ziele noch einmal mit dem Auftraggeber verhandelt werden, um nicht gleich von Beginn an in ein Mission Impossible Szenario zu schlittern bzw. den Auftraggeber zu einem späteren Zeitpunkt enttäuschen zu müssen. Zu solchen Nachverhandlungen gehört sicherlich Fingerspitzengefühl und Einfühlungsvermögen, um die Erfordernisse und Bedürfnisse des Auftraggebers zu verstehen (Abb. 4.10).

Prozess Abschätzung Ressourcenbedarf		
	kritisch	problemlos
Abgrenzbarkeit, eindeutiges Ergebnis		x
Organisatorisches, Kulturelles, Kontextwissen	x	
Priorität für das Projekt	x	
Security, Geheimhaltung, Datensensibilität		x
Kommunikationsintensität	x	
Schnittstellenkomplexität	x	
Granularität der Aufgabe		x
bestehende Dokumentation und Kontexinfos	x	
Gesamtsicht	X	

Abb. 4.10 Prozess Abschätzung Ressourcenbedarf

4.3   Prozesse in der Projektplanung

In der Projektplanungsphase kommt eine ganze Reihe wohl bekannter und in vielen Unternehmen implementierter Techniken und Methoden zum Einsatz. Viele dieser Planungsprozesse gehören heute zu Quasi-Standards in Unternehmen, die regelmäßig Projekte abwickeln. Darüber hinaus gibt es Prozesse, die in der Praxis nur optional bzw. in bestimmten Szenarien zum Einsatz kommen, manchmal fehlen hier vielleicht auch Erfahrungen und Wissen bei einzelnen Beteiligten.

4.3.1   Umfeld- bzw. Umweltanalyse

Eine klassische Methode am Beginn des Planungsprozesses ist die Umweltanalyse; manche Autoren sprechen auch von Umfeldanalyse, wenn sie die Integration von auch sachlichen Einflussgrößen mit einbeziehen. Es werden die Einflussfaktoren (Stakeholder, sachliche Einflüsse) identifiziert, analysiert und bewertet. Darauf baut im Anschluss die Ausarbeitung von geeigneten Maßnahmen auf, um negative Einflüsse zu vermeiden oder zu vermindern und positive Einflüsse wenn möglich zu verstärken. Diese Überlegungen sind sehr früh anzustellen, da die Umsetzung der beschlossenen Maßnahmen dann auch in weiterer Folge im PSP usw. berücksichtigt werden muss. Die Umweltanalyse ist ein klassischer Brainstorming-Prozess, das ganze Team sollte mitwirken, um nichts zu vergessen und viele kreative Ansätze zu finden. Dabei kann es von der Art des Projektes abhängen, wie viel Kontextverständnis dafür notwendig ist. Bei einem internen Restrukturierungsprozess ist viel Wissen über die Organisation, formale und informelle Prozesse usw. notwendig, in einem Kundenprojekt, bei dem z. B. ein neues Geschäftslokal entstehen soll, sind solche Insiderinformationen weniger von Bedeutung, und Erfahrungen mit ähnlichen Projekten sind vielleicht viel wichtiger. Entsprechend schwierige ist es eine Outsourcing Empfehlung zu gegeben. Bei Projekten mit Routinecharakter oder solchen, die Expertenwissen auf bestimmten Gebieten (z. B. politisches oder kulturelles Backgroundwissen in einer bestimmten Region) erfordern, können Externe u. U. ihre Erfahrungen und Expertise ausspielen. In anderen Fällen ist viel Kontextwissen und informelles Know-how wichtig, das für Externe nur schwer greifbar wird (Abb. 4.11).

Prozess Umweltanalyse		
	kritisch	problemlos
Abgrenzbarkeit, eindeutiges Ergebnis		x
Organisatorisches, Kulturelles, Kontextwissen	x	
Priorität für das Projekt	x	
Security, Geheimhaltung, Datensensibilität		x
Kommunikationsintensität	x	
Schnittstellenkomplexität	x	
Granularität der Aufgabe		x
bestehende Dokumentation und Kontexinfos	x	
Gesamtsicht	**X**	

Abb. 4.11 Prozess Umweltanalyse

4.3.2   Erstellung des Projektstrukturplans (PSP)

Das Festlegen der notwendigen Arbeitsschritte, die zur erfolgreichen Zielerreichung führen sollen, sowie die Erstellung einer zweckdienlichen Struktur der
Arbeitspakete ist eines der Herzstücke im Planungsprozess eines jeden Projektes.
Diese Arbeiten auszulagern bedeutet, auch ganz wesentliche Gestaltungsparameter
aus der Hand zu geben. Sind Projekte aber oft sehr ähnlich gestaltet und folgen
klaren Abläufen und Strukturen, kann die rein handwerkliche Arbeit an einem PSP
in die Hände Dritter gegeben werden. Einen finalen Check auf die Verwendbarkeit
wird sich aber keine Projektleitung aus der Hand nehmen lassen (Abb. 4.12).

Prozess Projektstrukturplan		
	kritisch	**problemlos**
Abgrenzbarkeit, eindeutiges Ergebnis		x
Organisatorisches, Kulturelles, Kontextwissen	x	
Priorität für das Projekt	x	
Security, Geheimhaltung, Datensensibilität		x
Kommunikationsintensität	x	
Schnittstellenkomplexität	x	
Granularität der Aufgabe		x
bestehende Dokumentation und Kontexinfos	x	
Gesamtsicht	**X**	

Abb. 4.12 Prozess Projektstrukturplan

4.3.3   Definition der Arbeitspakete, Arbeitspaketbeschreibung

Sind die einzelnen Arbeitspakete mittels PSP einmal spezifiziert, gehören sie
genauer inhaltlich beschrieben und die Ziele, Ergebnisse etc. des Projektes auf
die einzelnen Arbeitspakete heruntergebrochen. Außerdem ist die Festlegung der
Messgrößen für die spätere Leistungsfortschrittskontrolle wichtig. Es sollen auch
Verantwortliche (=Ansprechpartner) für jedes Arbeitspaket nominiert werden,
um die spätere Koordination zu erleichtern. Bei großen Projekten mit sehr vielen Arbeitspaketen kann diese Arbeit recht aufwändig werden. Eine Unterstützung
durch Dritte kann hier die Projektleitung entlasten und zumindest wichtige Vorarbeiten leisten. Ein finaler Check wird aber gewiss beim Entscheidungsträger (der
Projektleitung) verbleiben müssen (Abb. 4.13).

Prozess Arbeitspaketbeschreibung		
	kritisch	**problemlos**
Abgrenzbarkeit, eindeutiges Ergebnis		x
Organisatorisches, Kulturelles, Kontextwissen		x
Priorität für das Projekt	x	
Security, Geheimhaltung, Datensensibilität		x
Kommunikationsintensität	x	
Schnittstellenkomplexität	x	
Granularität der Aufgabe		x
bestehende Dokumentation und Kontexinfos	x	
Gesamtsicht		X

Abb. 4.13 Prozess Arbeitspaketbeschreibung

4.3.4 Festlegung der Verantwortlichkeiten (Rollen- und Funktionsplan)

Die Definition von verschiedenen für das Projekt wichtigen Rollen sowie deren Zuweisung an die Mitglieder der Projektorganisation wird umso wichtiger, je umfangreicher ein Projekt ist, je mehr unterschiedliche (Teil-) Organisationen im Projekt mitwirken und je stärker eine Projektorganisation selbst hierarchisch untergliedert wird. Auch bei verteilten oder virtuellen Organisationsstrukturen sind solche Festlegungen besonders wichtig, um eine spätere reibungslose Zusammenarbeit zu ermöglichen. Auch die Planung der Zuständigkeiten auf Arbeitspaketniveau kann hier eine Rolle spielen. Da teilweise nicht nur die Sachkompetenz, sondern auch Komponenten sozialer Kompetenzen (z. B. Führungskompetenz) bei der Verteilung von Verantwortungen und Rollen einen entscheidenden Faktor darstellen, sind persönliche Kontakte, Vertrauen oder Erfahrungen mit der Zusammenarbeit mit in Frage kommenden Personen ein wichtiges Entscheidungskriterium. Für Außenstehende sind solche Beurteilungen sehr schwer zu treffen (Abb. 4.14).

4.3.5 Erstellung des Ablauf- und Zeit-/Terminplans

Eine ganz klassische Aufgabe der Projektplanung ist das Aufzeigen der inhaltlichen bzw. technischen Abfolge bzw. Beziehungen zwischen den Arbeitspaketen und die Zeit bzw. Terminplanung. Einerseits müssen dabei die Beziehungen der einzelnen Tätigkeiten, die durch die Arbeitspakete repräsentiert sind, analysiert und dargestellt werden, andererseits erfolgt die Schätzung der Dauer für jedes einzelne Paket. Da-

Prozess Verantwortlichkeiten	kritisch	problemlos
Abgrenzbarkeit, eindeutiges Ergebnis		x
Organisatorisches, Kulturelles, Kontextwissen	x	
Priorität für das Projekt	x	
Security, Geheimhaltung, Datensensibilität		x
Kommunikationsintensität	x	
Schnittstellenkomplexität	x	
Granularität der Aufgabe		x
bestehende Dokumentation und Kontexinfos	x	
Gesamtsicht	**X**	

Abb. 4.14 Prozess Verantwortlichkeiten festlegen

Prozess Ablauf- und Terminplan	kritisch	problemlos
Abgrenzbarkeit, eindeutiges Ergebnis		x
Organisatorisches, Kulturelles, Kontextwissen		x
Priorität für das Projekt	x	
Security, Geheimhaltung, Datensensibilität		x
Kommunikationsintensität	x	
Schnittstellenkomplexität	x	
Granularität der Aufgabe		x
bestehende Dokumentation und Kontexinfos	x	
Gesamtsicht	**X**	

Abb. 4.15 Prozess Ablauf- und Terminplanung

raus werden Netz- und Terminpläne (z. B. in einem PERT bzw. CPM oder Gantt-Chart[2]) generiert oder einfache Termin- und Meilensteinübersichten kreiert. Hier ist oft die Zusammenarbeit im ganzen Team erforderlich. Zum Teil braucht es Expertise beim Abschätzen der Dauer von Arbeitspaketen, in anderen Bereichen müssen Abstimmungen bzw. Absprachen zwischen Arbeitspaketverantwortlichen über gegenseitige Abhängigkeiten getroffen werden. Selten lässt sich das also als Ein-Personen-Job alleine sinnvoll durchführen, zumindest Abstimmungen mit dem Team bzw. Feedback ist für realistische Planungen sinnvoll, wenn nicht notwendig (Abb. 4.15).

---

[2] = vernetzter Balkenplan.

4.3.6   Erstellung des Ressourcenplans

Aufbauend auf PSP und Termin- bzw. Ablaufplanungen erfolgt zunächst die Abschätzung des notwendigen Ressourcenbedarfs. Üblicherweise wird zuerst auf Arbeitspaketniveau geschätzt und danach auf die Projektebene aggregiert. Die Gegenüberstellung dieser Bedarfs- mit einer Verfügbarkeitsanalyse ergibt die Basis für notwendige Optimierungsschritte auch von schon vorangegangener Planungsschritten – schlimmstenfalls bis zurück zur Zielplanung. Viele dieser Arbeiten sind zunächst recht trockene Recherche- bzw. Datensammeltätigkeiten, in den Fällen, wo aber optimiert wird bzw. werden muss, ist Entscheidungskompetenz gefragt. Hier müssen mitunter unangenehme Entscheidungen getroffen werden oder es muss mit dem Projektauftraggeber Rücksprache gehalten werden (Abb. 4.16).

Prozess Ressourcenplan		
	kritisch	problemlos
Abgrenzbarkeit, eindeutiges Ergebnis		x
Organisatorisches, Kulturelles, Kontextwissen		x
Priorität für das Projekt	x	
Security, Geheimhaltung, Datensensibilität		x
Kommunikationsintensität	x	
Schnittstellenkomplexität	x	
Granularität der Aufgabe		x
bestehende Dokumentation und Kontexinfos	x	
Gesamtsicht	X	

Abb. 4.16   Prozess Ressourcenplanung

4.3.7   Erstellung des Risikoplans

Richtiges Risikomanagement beginnt schon in der Planungsphase. Aufbauend auf der Risikopolitik des Unternehmens kommt es zur Identifikation und Bewertung von möglichen Risiken und auch Chancen(!). Daraus sollen dann adäquate Maßnahmen im Zuge eines Risikoplans abgeleitet werden. Gewissenhaftes Arbeiten, Erfahrungen in dem Bereich, in dem das Projekt angesiedelt ist, Lessons Learned aus anderen, ähnlichen Projekten kann gerade die Analyse von Risiken erleichtern. Auch ein neutraler Blick auf das Projekt hilft u. U. bei der objektiveren Beurteilung möglicher Risiken und Chancen. Auch können richtige Risikomanagement-Spezialisten hier sinnvoll Know-how einbringen, wenn sie die nötigen Kontextinformationen bekommen (Abb. 4.17).

Prozess Risikoplan		
	kritisch	**problemlos**
Abgrenzbarkeit, eindeutiges Ergebnis		x
Organisatorisches, Kulturelles, Kontextwissen		x
Priorität für das Projekt	x	
Security, Geheimhaltung, Datensensibilität		x
Kommunikationsintensität	x	
Schnittstellenkomplexität	x	
Granularität der Aufgabe		x
bestehende Dokumentation und Kontexinfos	x	
Gesamtsicht	**X**	

Abb. 4.17 Prozess Risikoplan

4.3.8   Erstellung des Kostenplans

Aufbauend auf den vorhergegangenen Planungsschritten werden die Kosten auf Arbeitspaketniveau geschätzt und zu den Projektkosten aggregiert. Bis zu einem gewissen Grad sind hier – abhängig von der Projektgröße – die Arbeitspaketverantwortlichen gefordert mitzuarbeiten, um die notwendigen Daten und Schätzungen einzubringen. Zusätzlich müssen Überlegungen über die Kalkulation von Gemeinkosten, von etwaigen (Risiko-) Puffern und Gewinnaufschlägen angestellt werden. Ähnlich wie bei der Ressourcenplanung sind das einerseits Recherche- bzw. Datensammeltätigkeiten, andererseits müssen teilweise vielleicht schmerzhafte Entscheidungen getroffen werden. Grundlagenarbeiten sind gerade bei ähnlich immer wiederkehrenden Projekten für eine Unterstützung durch Dritte geeignet. Wichtige Entscheidungen liegen aber in der Hand der Projektleitung und erfordern mitunter Fingerspitzengefühl und Kreativität in Aushandlungsprozessen mit den Durchführungsverantwortlichen (Abb. 4.18).

Prozess Kostenplan		
	kritisch	**problemlos**
Abgrenzbarkeit, eindeutiges Ergebnis		x
Organisatorisches, Kulturelles, Kontextwissen		x
Priorität für das Projekt	x	
Security, Geheimhaltung, Datensensibilität		x
Kommunikationsintensität	x	
Schnittstellenkomplexität	x	
Granularität der Aufgabe		x
bestehende Dokumentation und Kontexinfos	x	
Gesamtsicht	**X**	

Abb. 4.18 Prozess Kostenplan

4.3.9   Erstellung des Finanzplans

Auf Basis der zeitlichen Betrachtung des Kostenplanes wird schließlich der Finanzbedarf geplant und versucht, die Finanzierung sicherzustellen. Hier wird einerseits
mit dem Auftraggeber interagiert, aber auch andere Organisationseinheiten wie
z. B. Finanzabteilungen oder das Controlling können mit involviert sein. In einigen Fällen werden möglicherweise externe Kapitalgeber (Banken) zur Liquiditäts-
sicherung notwendig sein. Für entsprechende Verhandlungen und Entscheidungen
sind dann natürlich formale Entscheidungsbefugnisse notwendig, die wahrscheinlich nur in den seltensten Fällen an Dritte abgegeben werden können (Abb. 4.19).

4.3.10   Erarbeiten der Qualitätsplanung

Die Qualitätsansprüche werden zunächst im Einklang mit dem Projektauftrag
festgelegt. Hier kann es abhängig vom jeweiligen Projekt sehr stark differierende
Notwendigkeiten geben, die individuell entschieden werden müssen. Darauf aufbauend sollen Maßnahmen zur Messung und Kontrolle entwickelt und festgelegt
werden. Das ist nicht unbedingt ein einfaches Unterfangen. In größeren Projekten
werden dafür teilweise eigene Verantwortliche mit der Rolle Qualitätsmanagement

Prozess Finazplanplan		
	kritisch	**problemlos**
Abgrenzbarkeit, eindeutiges Ergebnis		x
Organisatorisches, Kulturelles, Kontextwissen		x
Priorität für das Projekt	x	
Security, Geheimhaltung, Datensensibilität	x	
Kommunikationsintensität	x	
Schnittstellenkomplexität	x	
Granularität der Aufgabe		x
bestehende Dokumentation und Kontexinfos		x
Gesamtsicht	X	

Abb. 4.19 Prozess Finanzplan

betraut. Erfahrung und Expertise können hier die Projektleitung sinnvoll unterstützen. Eine gewisse neutrale Position der restlichen Projektorganisation gegenüber ist dabei von Vorteil. Es kann daher einiges für die Vergabe dieser Rolle an Außenstehende sprechen. Eine sinnvolle Integration, gute Kommunikation und Koordination sind aber trotzdem wichtig (Abb. 4.20).

Prozess Qualitätsplan		
	kritisch	**problemlos**
Abgrenzbarkeit, eindeutiges Ergebnis		x
Organisatorisches, Kulturelles, Kontextwissen	x	
Priorität für das Projekt	x	
Security, Geheimhaltung, Datensensibilität		x
Kommunikationsintensität	x	
Schnittstellenkomplexität	x	
Granularität der Aufgabe		x
bestehende Dokumentation und Kontexinfos	x	
Gesamtsicht		X

Abb. 4.20 Prozess Qualitätsplan

4.4   Prozesse der Projektumsetzung und -koordination

Den wohl größten Anteil am Lebenszyklus eines Projektes hat die eigentliche Durchführungsphase, in der an der inhaltlichen Realisation der Projektergebnisse bzw. der Projektziele gearbeitet wird. Hier fallen viele Tätigkeiten an, die mehr oder weniger kontinuierlich bearbeitet werden. Das Projektteam muss geführt, die Beziehungen zu Stakeholdern sollen gepflegt und Zwischenergebnisse abgenommen werden. Ein großer Teil der Tätigkeiten fußt auf Koordination und Kommunikation. Immer wieder wird kolportiert, dass Projektleiterinnen und Projektleiter etwa 70 % ihrer Zeit mit Kommunikation in den unterschiedlichsten Formen verbringen.

4.4.1   Koordination der Projektarbeit

Die Durchführung der geplanten Arbeitspakete wird innerhalb der Projektorganisation koordiniert. Dazu bedarf es eines strukturierten Austausches der notwendigen Informationen zwischen den Funktionsträgern. Die Projektleitung muss diesen Informationsfluss managen, dazu plant, initiiert und stimuliert sie das Zusammenwirken der betroffenen Parteien. Klassische Methoden sind dabei nicht nur Meetings, sondern auch schriftliche oder elektronische Kommunikationsformen. Nicht übersehen werden sollten dabei die notwendigen Rahmenbedingungen (Infrastruktur, Regeln usw.) die vom Projektmanagement in Abhängigkeit von den Projekterfordernissen gestaltet werden können (Abb. 4.21).

Prozess Koordination		
	kritisch	**problemlos**
Abgrenzbarkeit, eindeutiges Ergebnis	x	
Organisatorisches, Kulturelles, Kontextwissen	x	
Priorität für das Projekt	x	
Security, Geheimhaltung, Datensensibilität		x
Kommunikationsintensität	x	
Schnittstellenkomplexität	x	
Granularität der Aufgabe	x	
bestehende Dokumentation und Kontexinfos		x
Gesamtsicht	X	

Abb. 4.21 Prozess Koordination

4.4.2   Stakeholder-Management

Die Kommunikation mit den relevanten Stakeholdern außerhalb des eigentlichen Projektteams wird – nach hoffentlich definierten – Kommunikationsplänen gestaltet. Dabei werden Informationen mit teilweise sehr unterschiedlichen Stakeholdergruppen ausgetauscht. Vorarbeiten dafür werden dabei schon in der Stakeholderidentifikation (siehe 4.2.1) und bei der Umweltanalyse (4.3.1) geleistet. Gerade bei Stakeholdern, die dem Kunden zugerechnet werden (PAG, spätere Benutzer, …), ist ein gutes Beziehungsmanagement von großer Bedeutung für den späteren Projekterfolg. Wie intensiv das Involvement einzelner Stakeholder betrieben wird, hängt von deren Einflusspotenzial auf das Projekt ab (Abb. 4.22).

Prozess Stakeholdermanagement		
	kritisch	**problemlos**
Abgrenzbarkeit, eindeutiges Ergebnis	x	
Organisatorisches, Kulturelles, Kontextwissen	x	
Priorität für das Projekt	x	
Security, Geheimhaltung, Datensensibilität		x
Kommunikationsintensität	x	
Schnittstellenkomplexität	x	
Granularität der Aufgabe	x	
bestehende Dokumentation und Kontexinfos		x
Gesamtsicht	**X**	

Abb. 4.22 Prozess Stakeholdermanagement

4.4.3   Management des Projektteams

Projektmanagement bedeutet auch, Führungsaufgaben adäquat wahrzunehmen. Die Projektteammitglieder haben das Recht, strukturiert geführt zu werden. Dazu gehören aber nicht nur die Zielvorgaben und Kontrolle, sondern auch notwendiges Empowerment, eine sinnvolle Verantwortungsverteilung, Feedback, das konstruktiv gegeben werden sollte, und das Setzen von Motivations- und Leistungsanreizen. Wie kaum ein anderer Prozess ist das Managen des Projektteams eine kontinuierliche Aufgabe, die entsprechende Sozialkompetenzen voraussetzt (Abb. 4.23).

Prozess Management des Teams		
	kritisch	problemlos
Abgrenzbarkeit, eindeutiges Ergebnis	x	
Organisatorisches, Kulturelles, Kontextwissen	x	
Priorität für das Projekt	x	
Security, Geheimhaltung, Datensensibilität		x
Kommunikationsintensität	x	
Schnittstellenkomplexität	x	
Granularität der Aufgabe	x	
bestehende Dokumentation und Kontexinfos		x
Gesamtsicht	X	

Abb. 4.23 Prozess Management des Teams

4.4.4 Weiterentwicklung des Projektteams

Es wird während der Laufzeit des Projektes gezielt am Know-how und den Fähigkeiten des Projektteams gearbeitet. Das kann die Organisation von Weiterbildungsmöglichkeiten betreffen, aber auch gezieltes Coaching und Mentoring kann eingesetzt werden. Hier können intern Kenntnisse vermittelt und Fähigkeiten trainiert werden oder durch Außenstehende neues Wissen in das Team eingebracht werden. Dazu bedarf es einerseits guter Kenntnisse über die Skills der einzelnen Teammitglieder, andererseits muss abgeschätzt werden, welche zusätzlichen Fähigkeiten die Mitarbeiter und Mitarbeiterinnen in Zukunft benötigen werden und in welchen Entwicklungsschritten sie an zukünftige Herausforderungen herangeführt werden sollen. Weiterentwicklung und Weiterbildung kann auch mit zusätzlicher Motivation der Teammitglieder verbunden werden. Teilaufgaben in diesem Kontext sind schon in der Vergangenheit regelmäßig nach außen vergeben worden. Klassischerweise werden viele Schulungen durch Drittanbieter geleistet, auch Coachingdienstleistungen werden zugekauft. Hier existiert in vielen Wissensbereichen ein ausgebildeter Markt von Drittanbietern (Abb. 4.24).

4.4.5 Change-Management

In fast jedem Projekt kommt es über die Laufzeit zu gewollten und ungewollten Veränderungen. Diese sollten unbedingt strukturiert bearbeitet werden. Bisherige Pläne müssen entsprechend adaptiert und notwendige Veränderungen in der Projektorganisation kommuniziert sowie dann umgesetzt werden. Abhängig von der

Prozess Weiterentwicklung des Teams		
	kritisch	problemlos
Abgrenzbarkeit, eindeutiges Ergebnis		x
Organisatorisches, Kulturelles, Kontextwissen		x
Priorität für das Projekt	x	
Security, Geheimhaltung, Datensensibilität		x
Kommunikationsintensität	x	
Schnittstellenkomplexität		x
Granularität der Aufgabe	x	
bestehende Dokumentation und Kontexinfos		x
Gesamtsicht		X

Abb. 4.24 Prozess Weiterentwicklung des Teams

Prozess Change Management		
	kritisch	problemlos
Abgrenzbarkeit, eindeutiges Ergebnis	x	
Organisatorisches, Kulturelles, Kontextwissen	x	
Priorität für das Projekt	x	
Security, Geheimhaltung, Datensensibilität		x
Kommunikationsintensität	x	
Schnittstellenkomplexität	x	
Granularität der Aufgabe		x
bestehende Dokumentation und Kontexinfos	x	
Gesamtsicht	X	

Abb. 4.25 Prozess Change Management

Art des Projektes kann es dabei auch zur Ausbildung einer eigenen Rolle (Change Manager oder Change Agent) kommen, die mithelfen soll, schon erwartete häufige Änderungen effizient bewältigen zu können. Auch die enge Verflechtung mit dem Requirementsengineering bei allen Fragen, die den Scope der Projektergebnisse betreffen, ist notwendig. In manchen Fällen sind aber auch Entscheidungen zu fällen, die über den Spielraum und die Kompetenzen der Projektleitung hinausgehen können. Dann sind Steuerungsgremien (Steering Committees) oder der Projektauftraggeber zu involvieren (Abb. 4.25).

4.4.6   Risikomanagement

Risiken und Chancen werden nicht nur in der Startphase identifiziert und bewertet (siehe 4.3.7), sondern sie müssen während der gesamten Projektlaufzeit laufend überwacht, neu identifiziert, bewertet und bei Eintreten entsprechend dem Risikoplan gemanagt werden. Oft wird das Management der Risiken und Chancen auch mit dem Projektcontrolling (siehe 4.5) verbunden bzw. dort integriert (Abb. 4.26).

Prozess Risikomanagement		
	kritisch	**problemlos**
Abgrenzbarkeit, eindeutiges Ergebnis	x	
Organisatorisches, Kulturelles, Kontextwissen	x	
Priorität für das Projekt	x	
Security, Geheimhaltung, Datensensibilität		x
Kommunikationsintensität	x	
Schnittstellenkomplexität	x	
Granularität der Aufgabe		x
bestehende Dokumentation und Kontexinfos	x	
Gesamtsicht	X	

Abb. 4.26 Prozess Risikomanagement

4.4.7   Qualitätssicherung

Die im Qualitätsplan (siehe 4.3.10) erarbeiteten Maßnahmen werden in der Durchführungsphase umgesetzt und auch gesteuert.

Wie schon erwähnt, kann das Qualitätsmanagement auch an eine eigens dafür eingesetzte Rolle delegiert werden (Abb. 4.27).

4.4.8   Procurement

In verschiedenen Kategorien von Projekten spielt die Beschaffung von Materialien und Leistungen eine große Rolle. Die dafür notwendigen Beschaffungsakte (z. B. aufwendige Ausschreibungen) müssen geplant, Lieferanten gesucht, verglichen

Prozess Qualitätssicherung		
	kritisch	**problemlos**
Abgrenzbarkeit, eindeutiges Ergebnis		x
Organisatorisches, Kulturelles, Kontextwissen		x
Priorität für das Projekt	x	
Security, Geheimhaltung, Datensensibilität		x
Kommunikationsintensität		x
Schnittstellenkomplexität		x
Granularität der Aufgabe	x	
bestehende Dokumentation und Kontexinfos	x	
Gesamtsicht		**X**

Abb. 4.27 Prozess Qualitätssicherung

und ausgewählt und die Lieferungen schließlich überwacht und überprüft werden. Hier können einerseits Einkaufsabteilungen eingebunden sein, aber auch eigene Strukturen innerhalb des Projektes für die Beschaffung oder Vergabe von Subaufträgen etabliert werden (Abb. 4.28).

Prozess Procurement		
	kritisch	**problemlos**
Abgrenzbarkeit, eindeutiges Ergebnis		x
Organisatorisches, Kulturelles, Kontextwissen		x
Priorität für das Projekt	x	
Security, Geheimhaltung, Datensensibilität		x
Kommunikationsintensität	x	
Schnittstellenkomplexität	x	
Granularität der Aufgabe		x
bestehende Dokumentation und Kontexinfos	x	
Gesamtsicht		**X**

Abb. 4.28 Prozess Procurement

4.4.9   Projektmarketing

In vielen Projekten ist Projektmarketing in der heutigen Zeit ein wichtiger Erfolgs-faktor, um den Erfolg des Projektes bzw. die Akzeptanz der Projektergebnisse si-cherstellen zu können. Maßnahmen zum internen sowie externen Marketing müs-sen entwickelt und umgesetzt werden, um den nachhaltige Erfolg, die Akzeptanz bei Betroffenen und die Versorgung des Projektes mit den notwendigen Ressour-cen sicherzustellen. Ähnlichkeiten und Überschneidungsbereiche mit dem Stake-holdermanagement (siehe 4.4.2) sind hier möglich. Projektmarketing geht auf zu-sätzliche Bereiche ein und kann einerseits produktbezogen das spätere Ergebnis in den Mittelpunkt seiner Bemühungen stellen, aber auch andererseits den Weg zur Erreichung der Projektziele thematisieren. Man spricht dann von prozessbe-zogenem Projektmarketing. Hier sind schon in der Vergangenheit Spezialisten aus eigenen Marketingabteilungen oder professionelle Marketingdienstleistungsanbie-ter (z. B. Agenturen) involviert gewesen (Abb. 4.29).

Prozess Projektmarketing		
	kritisch	problemlos
Abgrenzbarkeit, eindeutiges Ergebnis	x	
Organisatorisches, Kulturelles, Kontextwissen	x	
Priorität für das Projekt	x	
Security, Geheimhaltung, Datensensibilität		x
Kommunikationsintensität	x	
Schnittstellenkomplexität	x	
Granularität der Aufgabe	x	
bestehende Dokumentation und Kontexinfos		x
Gesamtsicht	X	

Abb. 4.29 Prozess Projektmarketing

4.4.10   Abschließen von Projektphasen

Die im Laufe der Projektdurchführung entstehenden Leistungen werden oft in klei-nere Abschnitte oder Phasen im Projektstrukturplan untergliedert. Meist schließt das Erreichen eines bestimmten Teilergebnisses, eines Artefakts so eine Phase ab. Häufig ist das auch mit dem Erreichen eines Meilensteins verbunden. Beim Abschluss einer Phase müssen die Leistungen überprüft und entsprechend dokumentiert werden. Notwendige Berichte werden verfasst und in ein Update der weiteren Pläne eingearbeitet. Es können schon Lessons Learned Aktivitäten stattfinden und auch aktives Wissensmanagement betrieben werden (Abb. 4.30).

Prozess Abschluss Projektphase		
	kritisch	problemlos
Abgrenzbarkeit, eindeutiges Ergebnis		x
Organisatorisches, Kulturelles, Kontextwissen	x	
Priorität für das Projekt	x	
Security, Geheimhaltung, Datensensibilität		x
Kommunikationsintensität	x	
Schnittstellenkomplexität	x	
Granularität der Aufgabe		x
bestehende Dokumentation und Kontexinfos	x	
Gesamtsicht	**X**	

Abb. 4.30 Prozess Abschluss Projektphase

4.5   Prozesse des Projektcontrollings

Neben der Koordination der Projektaktivitäten ist das begleitende Controlling aus dem modernen Projektmanagement nicht mehr wegzudenken. Hier wird einerseits der Fortschritt der Aktivitäten sowie deren Ressourcen- und Kostenverbrauch beobachtet, um daraus Rückschlüsse für notwendige Steuerungsaktivitäten im Projekt zu gewinnen, andererseits werden wichtige Informationen aggregiert und für andere Stakeholder (wie z. B. Projektauftraggeber, Steuerungskomitees etc.) aufbereitet.

4.5.1   Controlling der Projektarbeit

Die Überwachung der klassischen Parameter Leistung(sfortschritt), Termine/Zeitressourcen, Ressourcenverbrauch und Kostenentwicklung wird auch mit dem „Magischen Dreieck" des Projektmanagements verbunden. Keine Projektleitung kann ihr Projekt sinnvoll steuern, wenn hier nicht zu mindestens zu den Controllingstichtagen aktuelle und korrekte Daten erhoben und aufbereitet werden. Diese Prozessschritte werden oft als rein administrative Tätigkeiten gebrandmarkt, und viele Projektmanager und Projektmanagerinnen sind über Unterstützung in diesem Bereich – die z. B. ein Projektmanagement-Office als Service anbieten kann – durchaus dankbar, um sich dann besser auf die eigentlichen Steuerungsmaßnahmen konzentrieren zu können. Für die Auslagerung solcher Tätigkeiten bedarf es klarer Datenschnittstellen (z. B. zu den Zeitaufzeichnungen von Projektteammitgliedern, zur Buchhaltung, zu den Arbeitspaketverantwortlichen, …) und ein wenig Disziplin. Die Ableitung von Steuerungsmaßnahmen, das Treffen von Change-Entscheidungen und etwaige Planänderungen sind dann typische Managementtätigkeiten der Projektleitung und teilweise sogar von übergeordneten Rollen (Projektauftraggeber, Steuerungskomitee) (Abb. 4.31).

Prozess Projektcontrolling		
	kritisch	problemlos
Abgrenzbarkeit, eindeutiges Ergebnis		x
Organisatorisches, Kulturelles, Kontextwissen		x
Priorität für das Projekt	x	
Security, Geheimhaltung, Datensensibilität		x
Kommunikationsintensität	x	
Schnittstellenkomplexität	x	
Granularität der Aufgabe		x
bestehende Dokumentation und Kontexinfos		x
Gesamtsicht		X

Abb. 4.31 Projektcontrolling

4.5.2   Controlling der sozialen Faktoren

Aus dem „Magischen Dreieck" ist in vielen Diskussionen der letzten Jahre ein „Eisernes Dreieck" geworden. Damit wird gemeint, dass das ausschließliche fixieren auf die Parameter Leistung – Termine – Ressourcen/Kosten im Kontext komplexerer Projekte bzw. vielschichtiger Projektumwelten heute zutage nicht mehr ausreicht. Auch sogenannte „weiche Faktoren" innerhalb der Projektorganisation und in der Beziehung zum Auftraggeber müssen reflektiert und notwendige Maßnahmen abgeleitet werden. Ein beliebtes Tool dazu ist zum Beispiel die Nutzung einer Projekt Score Card (PSC), in der neben klassischen Controlling-Indikatoren auch Bewertungen für die Kundenbeziehung, Teammotivation etc. mit einfließen.

Auch für das Claim-Management und das Erkennen potenzieller Claimsituationen ist das Controlling von „weichen" Faktoren bzw. Informationen eine wichtige Voraussetzung, um entsprechend und vor allem rechtzeitig reagieren zu können. Das Controlling der sozialen Faktoren ist, was die Kommunikationsintensität betrifft, sicher eine herausforderndere Aufgabe als das Sammeln der Daten für das klassische Controlling. Auch müssen hier informelle Kommunikationskanäle mit genutzt werden, was für Außenstehende kaum machbar ist (Abb. 4.32).

Prozess soziales Projektcontrolling		
	kritisch	problemlos
Abgrenzbarkeit, eindeutiges Ergebnis		x
Organisatorisches, Kulturelles, Kontextwissen	x	
Priorität für das Projekt	x	
Security, Geheimhaltung, Datensensibilität		x
Kommunikationsintensität	x	
Schnittstellenkomplexität	x	
Granularität der Aufgabe		x
bestehende Dokumentation und Kontexinfos		x
Gesamtsicht	X	

Abb. 4.32 soziales Projektcontrolling

4.5.3 Risikocontrolling

Das Risikomanagement, das die Durchführungsphase eines Projektes begleitet, wird aus praktischen Gründen oft mit den Controllingzyklen verknüpft. Die Überwachung und Reaktion auf eingetretene Risiken und Chancen ist auch immer wieder mit Claimmanagement-Aufgaben verbunden. Je besser die Risikomanagement-Aufgaben in der Startphase (siehe 3.7) vorbereitet worden sind, umso leichter sind auch die Controllingaufgaben bearbeitbar und auch ausgliederbar. Wenn Risikomanagement als eigener, selbständiger Prozess (siehe 4.6) implementiert ist, bleibt für das Risikocontrolling im Rahmen des Projektcontrollings die Überwachung der umzusetzenden Maßnahmen (Abb. 4.33).

4.5.4 Qualitätscontrolling

In manchen Projekten ist es besonders wichtig, die Qualität der inhaltlichen Arbeit und der Arbeitsprozesse zu überwachen. Gerade, wenn Qualitätsfaktoren kriti-

Prozess Risikocontrolling		
	kritisch	**problemlos**
Abgrenzbarkeit, eindeutiges Ergebnis		x
Organisatorisches, Kulturelles, Kontextwissen		x
Priorität für das Projekt	x	
Security, Geheimhaltung, Datensensibilität		x
Kommunikationsintensität	x	
Schnittstellenkomplexität	x	
Granularität der Aufgabe		x
bestehende Dokumentation und Kontexinfos	x	
Gesamtsicht		X

Abb. 4.33 Risikocontrolling

sche Erfolgsfaktoren in einem Projekt sind, kommt dem Qualitätscontrolling eine wichtige Rolle zu. Dabei ist diese Aufgabe alles andere als trivial oder einfach. Abhängig von der Art des Outputs des Projektes ist dazu unter Umständen auch Spezialwissen notwendig (z. B. in der Pharmaindustrie oder in Forschungsprojekten). In manchen Unternehmen werden solche Aufgaben von eigenen Qualitätsmanagement-Abteilungen wahrgenommen und oft bewusst durch möglichst neutrale „Nicht-Projektmitglieder" erledigt. Besteht Handlungsbedarf für das Weiterarbeiten im Projekt, ist jedenfalls wieder das Projektmanagement als eigentliche Aktivitäts- und Entscheidungstragende Rolle gefragt, Entscheidungen zu treffen und diese auch um- bzw. durchzusetzen (Abb. 4.34).

Prozess Projektcontrolling		
	kritisch	**problemlos**
Abgrenzbarkeit, eindeutiges Ergebnis		x
Organisatorisches, Kulturelles, Kontextwissen		x
Priorität für das Projekt	x	
Security, Geheimhaltung, Datensensibilität		x
Kommunikationsintensität	x	
Schnittstellenkomplexität	x	
Granularität der Aufgabe		x
bestehende Dokumentation und Kontexinfos	x	
Gesamtsicht		X

Abb. 4.34 Qualitätscontrolling

4.5.5 Reporting

Das Berichten an Auftraggeber, Steuerungskreis, Portfoliomanagement, PMO oder Kunden ist eine der zentralen Aufgaben im Leben von Projektleiterinnen und Projektleitern – und oft eine der meist gehassten. Aber gerade die gute Kommunikation, sauberes Aufbereiten von Informationen und auch das Einholen von notwendigem Feedback zeichnet gute Projektleitungen aus und gibt ihnen die Möglichkeit, auch in für das Projekt kritischen Situationen auf Unterstützung von außen zählen zu können. Die Projektleitung kann hier aber unterstützt werden. Gerade das Zusammentragen, Aggregieren und Aufbereiten der notwendigen Basisinformationen kann von Dritten erledigt werden (Abb. 4.35).

Prozess Reporting		
	kritisch	**problemlos**
Abgrenzbarkeit, eindeutiges Ergebnis		x
Organisatorisches, Kulturelles, Kontextwissen		x
Priorität für das Projekt	x	
Security, Geheimhaltung, Datensensibilität		x
Kommunikationsintensität	x	
Schnittstellenkomplexität		x
Granularität der Aufgabe		x
bestehende Dokumentation und Kontexinfos	x	
Gesamtsicht		X

Abb. 4.35 Reporting

4.6 Prozesse für Projektkrisen

Nur wenige Projekte können wirklich ohne Veränderungen, Probleme oder Krisen in der Durchführungsphase ganz nach Plan abgearbeitet werden. Der Umgang mit Veränderungen, wie zum Beispiel geänderten Zielsetzungen, wechselnden Rahmenbedingungen oder Veränderungen der Projektorganisation, aber auch mit Problemen, wie zum Beispiel aus der inhaltlichen Arbeit am Projekt, technischen Schwierigkeiten, aus der Beziehung zu Lieferanten etc., gehört zum täglichen Brot vieler Projektleiterinnen und Projektleiter. Deren Behandlung ist Teil der Projekt-

managementtätigkeiten und dafür werden Projektleitungen auch eingesetzt und be-
zahlt. Übersteigt aber die Größe oder Komplexität eines Problems die Möglichkeiten einer Lösung im normalen Projektmanagementprozess bzw. ist die eigentliche
Zielerreichung des Projektes dadurch maßgeblich gefährdet, wird üblicherweise
von einer Projektkrise oder Projektdiskontinuität gesprochen.

4.6.1   Definition der Krise

Eine Krisensituation sollte nach definierten Kriterien erklärt werden. Nicht jedes
Problem, das im Laufe der Projektdurchführung entsteht, bedeutet automatisch
eine Krise. Dabei sind je nach Unternehmen auch andere Rollen im Projektmanagement – wie Projektauftraggeber oder Steuerungsgremien – zu involvieren. Die
Ausrufung einer Projektkrise muss klar – vor allem natürlich dem eigenen Projektteam – kommuniziert werden. Ab dann verändern sich auch Abläufe, Prozesse, Zuständigkeiten und die Projektkultur. Nur wenn solche Veränderungen nach
Ausrufung der Krise Platz greifen, ist die Ausrufung einer Krise sinnvoll, sonst
könnte man ja alles beim altbewährten Prozedere belassen. Mit Ausrufung des
Krisenzustandes werden auch erste Notfallmaßnahmen ergriffen, um möglichst
sofort zumindest weitere Schäden so klein wie möglich zu halten – ganz ähnlich
den Erstehilfemaßnahmen nach einem Autounfall (Verständigen der Einsatzkräfte,
Unfallstelle absichern, Bergen, …). Zur Definition einer Krise bedarf es formaler
Kompetenzen, die zumindest teilweise auch über die jeweiligen Kompetenzen der
Projektleitung hinausgehen können. Die Ausrufung einer Krise kann dabei durch-
aus strategische Bedeutung miteinschließen (Abb. 4.36).

Prozess Definition einer Projektkrise		
	kritisch	**problemlos**
Abgrenzbarkeit, eindeutiges Ergebnis		x
Organisatorisches, Kulturelles, Kontextwissen	x	
Priorität für das Projekt	x	
Security, Geheimhaltung, Datensensibilität	x	
Kommunikationsintensität	x	
Schnittstellenkomplexität	x	
Granularität der Aufgabe		x
bestehende Dokumentation und Kontexinfos	x	
Gesamtsicht	X	

Abb. 4.36 Krisendefinition

4.6.2 Krisenmanagement

Sind die Notfallmaßnahmen einmal umgesetzt, geht es daran, Ursachenforschung zu betreiben, um danach gezielt und strukturiert Wege aus der Krise zu suchen. Dabei kann die Arbeit und Entscheidungsfindung durchaus anders ablaufen, als das bei der normalen Projektarbeit üblich wäre. Andere Formen von Kommunikation (z. B. kürzere Kommunikationspfade), veränderte Entscheidungswege (z. B. gemeinsame mit Auftraggebern) oder überhaupt veränderte Rollenverteilungen (z. B. Einsatz von Krisenmanagern, externe Beratung, …) sind beim Management einer Krisensituation wichtige Rahmenbedingungen. Oft muss in solchen Situationen auch entschieden werden, ob das Projekt überhaupt fortgeführt werden soll oder kann bzw. welche maßgeblichen Veränderungen (z. B. in der Zieldefinition, von Fertigstellungsterminen oder bei Ressourcen oder Kosten) zum Fortsetzen des Projektes wichtig sind. Notwendige Maßnahmen müssen geplant und umgesetzt werden, aber auch der weitere Projektverlauf muss neu geplant und für die weitere Umsetzung vorbereitet (z. B. kommuniziert) werden. Der Einsatz externer Kräfte – wie etwa von Krisenmanagern oder Experten, aber auch Mediatoren oder Coaches – kann durch spezifisches Know-how und Erfahrungen helfen, Krisen zu entschärfen und einer sinnvollen Lösung zuzuführen, ist aber stark von der jeweiligen Krisensituation und von Rahmenbedingungen des Projektes abhängig (Abb. 4.37).

Prozess Krisenmanagement		
	kritisch	problemlos
Abgrenzbarkeit, eindeutiges Ergebnis		x
Organisatorisches, Kulturelles, Kontextwissen	x	
Priorität für das Projekt	x	
Security, Geheimhaltung, Datensensibilität		x
Kommunikationsintensität	x	
Schnittstellenkomplexität	x	
Granularität der Aufgabe		x
bestehende Dokumentation und Kontexinfos		x
Gesamtsicht	X	

Abb. 4.37 Krisenmanagement

4.6.3 Beendigung der Krise

So wie eine Krise offiziell als Krise erklärt werden muss, so muss sie als solche auch strukturiert und offiziell beendet und ein Übergang zur normalen Projektarbeit geschaffen werden. Dabei werden die Weichen zur Weiterarbeit und einer sinnvollen und erfolgreichen Projektbeendigung gestellt. Sollte dieser Weg nicht möglich sein, bleibt nur die Wahl, das Projekt abzubrechen oder zumindest für einige Zeit zu unterbrechen. Gerade in diesen Fällen müssen erreichte Zwischenergebnisse gesichert werden, Know-how und Lessons Learned gesammelt und in die restliche Organisation transferiert werden bzw. das Projektteam und seine Außenverbindungen geordnet abgebaut werden (Abb. 4.38).

Prozess Krisenbeendigung		
	kritisch	**problemlos**
Abgrenzbarkeit, eindeutiges Ergebnis		x
Organisatorisches, Kulturelles, Kontextwissen		x
Priorität für das Projekt	x	
Security, Geheimhaltung, Datensensibilität		x
Kommunikationsintensität	x	
Schnittstellenkomplexität	x	
Granularität der Aufgabe		x
bestehende Dokumentation und Kontexinfos	x	
Gesamtsicht	**X**	

Abb. 4.38 Krisenbeendigung

4.7 Prozesse des Projektabschlusses

Da Projekte als Vorhaben auf Zeit, die mit einer temporären Organisation abgewickelt werden und die – hoffentlich – eindeutige Ziele verfolgen, konzipiert sind, muss analog zum Projektstart auch ein Abschlussprozess durchlaufen werden, um Projekte sauber und koordiniert – hoffentlich erfolgreich – zu beenden.

4.7.1 Abschließen des Projektes

Eine zentrale Rolle im Abschlussprozess spielt die Übergabe der Projektergebnisse an den Projektauftraggeber sowie die Abnahme dieser Ergebnisse durch den Auftraggeber. Spätestens hier wird sichtbar, ob das Projekt die gesteckten Ziele erreichen konnte und ob die Auftraggeberseite mit dem Erreichten zufrieden ist. Sollten noch (kleinere) offene Punkte existieren, sind diese als Restarbeiten zu planen und verantwortliche Personen festzulegen. Natürlich ist auch der Abschlussbericht zu erstellen und zu kommunizieren. Er umfasst Informationen über die wesentlichen Ereignisse während der Projektumsetzung, berichtet über die Zielerreichung, Kosten- und Ressourcenaufwand, Termintreue, er thematisiert Probleme und Lösungsansätze usw. Der Abschlussbericht soll einerseits interne und externe Auftraggeber und Steuerungsgremien strukturiert und zusammenfassend über das Projektgeschehen informieren, aber auch für zukünftige Projekte Erfahrungen und Know-how aufbereiten und dokumentieren. Die Erstellung des Abschlussberichts ist somit eine zentrale Aufgabe der Projektleitung, bei der ja über die Projektlaufzeit die Informationen aus dem Projektgeschehen zentral zusammengeflossen sind (Abb. 4.39).

Prozess Projekt abschließen		
	kritisch	**problemlos**
Abgrenzbarkeit, eindeutiges Ergebnis		x
Organisatorisches, Kulturelles, Kontextwissen	x	
Priorität für das Projekt	x	
Security, Geheimhaltung, Datensensibilität		x
Kommunikationsintensität	x	
Schnittstellenkomplexität	x	
Granularität der Aufgabe		x
bestehende Dokumentation und Kontexinfos	x	
Gesamtsicht	X	

Abb. 4.39 Projekt abschließen

4.7.2 Sammeln von Lessons Learned

Gerade für modernes Wissensmanagement ist es besonders wichtig, die Erfahrungen, die im Laufe der Projektlaufzeit durch das Projektteam gesammelt wurden, zu reflektiert, und für die Zukunft zu dokumentieren. Workshops, Wikis oder ähnliche Arbeitsformen sollen die Projektteammitglieder auch dazu animieren, ihre Erfahrungen, Erlebnisse, Probleme bzw. ihr Know-how als explizites Wissen für andere zugänglich zu machen. Hier ist das ganze Team und nicht nur die Projektleitung gefragt beizutragen. Es obliegt aber meistens dem Projektmanagement, den Output entsprechend zu dokumentieren und auch in vielen Fällen in den Abschlussbericht einzuarbeiten (Abb. 4.40).

Prozess Lessons Learned		
	kritisch	problemlos
Abgrenzbarkeit, eindeutiges Ergebnis		x
Organisatorisches, Kulturelles, Kontextwissen	x	
Priorität für das Projekt		x
Security, Geheimhaltung, Datensensibilität		x
Kommunikationsintensität	x	
Schnittstellenkomplexität	x	
Granularität der Aufgabe		x
bestehende Dokumentation und Kontexinfos	x	
Gesamtsicht	X	

Abb. 4.40 Lessons Learned

4.7.3   Auflösung der Projektorganisation

Eine geordnete Auflösung der Projektorganisation sollte bei gut gemanagten Projekten ebenfalls selbstverständlich sein. Das Projektteam soll nicht zerfallen, sondern es steht den Teammitgliedern zu, finales Feedback zu bekommen und gegebenenfalls neuen Aufgaben zugeordnet zu werden. Die Beziehungen mit den übrigen Stakeholdern sollten geordnet aufgelöst werden. Auch hier besteht die Möglichkeit, Feedback einzuholen und zu bekommen. Häufig werden Projektorganisationen durch ein Abschlussevent emotional beendet; diese Gelegenheit kann genutzt werden, um dabei ein letztes Mal Projektmarketing zu betreiben und um alle Beteiligten mit einem guten Gefühl aus dem Projekt zu entlassen und möglichst viel Akzeptanz für die Projektergebnisse zu schaffen (Abb. 4.41).

Prozess Projektorganisation auflösen		
	kritisch	problemlos
Abgrenzbarkeit, eindeutiges Ergebnis		x
Organisatorisches, Kulturelles, Kontextwissen	x	
Priorität für das Projekt	x	
Security, Geheimhaltung, Datensensibilität		x
Kommunikationsintensität	x	
Schnittstellenkomplexität	x	
Granularität der Aufgabe		x
bestehende Dokumentation und Kontexinfos	x	
Gesamtsicht	X	

Abb. 4.41 Projektorganisation auflösen

4.8   Wirtschaftliche Überlegungen

Es ist ersichtlich, dass es bei sehr vielen der Prozesse kein eindeutiges Pro oder Contra gibt. Oft sprechen einige Faktoren eher für oder gegen die Möglichkeit, den Prozess fremdvergeben zu können, gleichzeitig deuten die übrigen eher in die Gegenrichtung. In der Praxis sollte daher darauf geachtet werden, die Prozesse im Kontext des jeweiligen Unternehmens zu analysieren und daraus sinnvolle Entscheidungen abzuleiten. Auch lassen sich Prozesse, die in der Erstanalyse vielleicht in einigen Ausprägungen nicht für Outsourcing-Überlegungen geeignet erscheinen, ja durchaus verändern bzw. so umgestalten, dass Problembereiche abgemildert oder vermieden werden können.

Besonders anspruchsvoll werden dann die wirtschaftlichen Überlegungen. Es ist dabei mögleicherweise einfacher, die Kosten abzuschätzen, die bei einem outgesourcten Prozess anfallen (werden), als die Kosten für den im eigenen Haus ablaufenden Prozess genau zu erheben. Hier spielt wieder die Reife des Unternehmens in Hinblick auf schon bestehendes Prozess- und Projektmanagement eine wichtige Rolle. Werden diese Prozesse schon bisher gut gemanagt, sind diese Vergleichswerte entweder schon bekannt oder lassen sich mit halbwegs vertretbarem Aufwand erheben. Fehlt hier die entsprechende Maturity, dann bleibt oft nur die Möglichkeit von mehr oder weniger groben Schätzungen, und gerade da ist es dann sehr wichtig, dass zumindest einigermaßen objektiv an die Sache herangegangen wird und persönliche Präferenzen bzw. wishful thinking hintangestellt werden.

Literatur

Dittrich, J., & Braun, M. (2004). *Business process outsourcing*. Stuttgart: Schäffer-Poeschel.
Kreindl, E., Ortner, G., & Schirl, I. (2012). Outsourcing von Projektmanagement-Aktivitäten, Studie an der FH des bfi Wien. http://www.fh-vie.ac.at/Forschung/Publikationen/Studien/Outsourcing-von-Projektmanagement-Aktivitaeten. Zugegriffen: 1. Sept. 2014
Patzak, G., & Rattay, G. (2009). *Projektmanagement: Leitfaden zum Management von Projekten, Projektportfolios und projektorientierten Unternehmen* (5. Aufl.). Wien: Linde.

Vorbereitung und Begleitmaßnahmen 5

Dass es vor einer Outsourcing-Entscheidung ganz grundlegende Vorarbeiten und Entscheidungen geben muss, haben wir schon in 3.2 festgestellt. Für die Umsetzung eines Outsourcing-Vorhabens schlagen unterschiedliche AutorInnen immer wieder das Denken in verschiedenen Phasen vor. Es gibt unterschiedliche Phasenmodelle, die ein solches Vorhaben oft in fünf bis sechs Abschnitte unterteilen (vgl. z. B. Brown und Wilson 2005, S. 25 f.; Dittrich und Braun 2004, S. 120 ff.; Hermes und Schwarz 2005, S. 119 ff.). Grob lassen sich bei diesen Modellen aber immer wieder die Schritte:

1. Prüfung bzw. Formulierung von Strategie, Zielen, Scope und Machbarkeit,
2. Suche nach Partnern, Due Diligence, Auswahl, Verhandlungen, Vertrag,
3. solide Planung der Umsetzung,
4. Implementierung mit Know-how Transfer, Transfer von Mitarbeitern und Mitarbeiterinnen usw.,
5. Stabilisierung bzw. Konsolidierung und
6. Regelbetrieb und weitere (fortlaufende) Optimierung

erkennen.

Auch werden manchmal Empfehlungen über die notwendige Dauer so eines Durchlaufes gegeben. Dabei ist klar, dass das Ausmaß eines Outsourcing-Vorhabens ein wichtiger Faktor bei der Abschätzung des Zeitbedarfes ist. Es wird hier in **Größenordnungen von Monaten und nicht von Wochen** gerechnet. Gerade die vorbereitenden Aufgaben nehmen von diesem Zeitfenster mindestens die Hälfte der Zeit in Anspruch! Diese Vorbereitungen sind daher nicht nur zeitintensiv, sondern binden Ressourcen – üblicherweise Personal –, was auch erhebliche Kosten bedeutet. Wird hier andererseits vorschnell vorgegangen, rächt sich das später wahrscheinlich mit schlecht funktionierenden Prozessen, wenig Akzeptanz, Nachbesserungen usw.

5.1 Fahrplan für Projektmanagement-Outsourcing

> Nichts auf der Welt ist so mächtig wie eine Idee, deren Zeit gekommen ist. (Victor Hugo (1802–1885), französischer Schriftsteller)

Als erste Richtschnur lassen sich die wichtigsten Steps für das erfolgreiche Outsourcen oder auch Outtasken von Projektmanagementprozessen zusammenfassen.

5.1.1 Strategiefragen klären, Outsourcing-Vision klarstellen

Zu Beginn müssen ganz grundlegende strategische Fragen über das Outsourcing-Vorhaben geklärt werden. Das ist eine **Aufgabe des Top-Managements!** Es bedarf auch eines Abgleichs zwischen den strategischen Zielen und Vorgaben des Unternehmens und den Zielen, die mit Outsourcing von Projektmanagement-Aktivitäten verfolgt werden sollen. Passen hier Risikoüberlegungen zusammen, wie steht man zu möglichen Abhängigkeiten von Dritten, ist Know-how Verlust ein Thema, wie geht man mit Kernkompetenzen im Unternehmen um usw.? Aus diesem Abgleich heraus sollte ein Vision formuliert werden, die auch weiter kommuniziert werden kann und die mit Argumenten sinnvoll untermauert ist, um auf Akzeptanz zu stoßen.

5.1.2 Business Case entwickeln, Machbarkeit untersuchen

Wie in der Vorphase von wichtigen Projekten ist dann zu untersuchen, wo Vor- und Nachteile kurz- sowie langfristig liegen. Der langfristige wirtschaftliche Nutzen muss abgeschätzt werden, Risiken gehören aufgezeigt, diskutiert und notwendige Maßnahmen sollen festgelegt werden. Auch sollen harte Frage über die wirkliche Machbarkeit eines solchen Schrittes gestellt und beantwortet werden. Solche (operationalen) Fragestellungen können dabei sein:

• Ist ein solcher Schritt im Kontext des Unternehmens überhaupt legal?
• Wie könnten Kunden davon betroffen sein bzw. reagieren?

- Welche Auswirkung hat ein solches Vorhaben auf die derzeitige Belegschaft? Wie wird sie reagieren?
- Hat das Projekt- bzw. das Prozessmanagement genug Reife, um einen sauberen Outsourcing-Prozess überhaupt zuzulassen?
- Wie geht man in Zukunft mit Abhängigkeiten von Service-Providern um?
- Ist Know-how Transfer, Know-how Abfluss aber auch späterer Know-how Verlust ein Thema? Wie soll damit umgegangen werden?
- Können die Ziele des Outsourcings sauber formuliert und dargestellt werden? Ist eine Zielerreichung später überprüfbar?
- Besitzt das Unternehmen die notwendigen technischen Voraussetzungen, um den Outsourcing-Prozess gut unterstützen zu können?
- Ist im Unternehmen Erfahrung mit Outsourcing, z. B. aus IT Outsourcing Vorhaben, vorhanden? Wie waren diese Erfahrungen? Wie kann man sie nutzen? Falls es keine eigenen Erfahrungen gibt, sind andere Quellen (z. B. externe Beratung) dafür erschließbar?
- Welche Projektmanagement-Aktivitäten bieten sich für das Outsourcing an bzw. sollen eigentlich ausgelagert werden? Ist auch das komplette Auslagern von Projektmanagement (externe Projektleitung) ein Thema?

5.1.3 Die richtige Outsourcing-Form finden

Aus der Situationsanalyse und den definierten Zielen müssen Entscheidungen für das Outsourcing-Setup vorbereitet werden und dann vom Management auch klar getroffen bzw. unterstützt werden. Hier spielen viele Aspekte, die schon bei den verschiedenen Outsourcing-Begriffe die in Kap. 1.3 diskutiert worden sind, eine Rolle. Auch hier stellt sich wieder ein Bündel möglicher Fragen:

- Ist Outsourcing oder eher Outtasking die bessere Alternative?
- Wie weit weg soll oder darf der Service Provider entfernt sein (Offshoring, Nearshoring, Onshoring, …)?
- Gibt es im eigenen Unternehmen(sverbund) jemanden, der solchen Service anbieten kann oder könnte?
- Sollen Services vielleicht nur für ein Projekt oder wenige Projekte zugekauft werden (temporär) oder werden sehr langfristige Verbindungen mit dem Service-Provider angestrebt?
- Werden Services von verschiedenen Anbietern genutzt oder soll alles aus einer Hand kommen?

5.1.4   Hausaufgaben in der eigenen Organisation erledigen

Eine der für viele Organisationen unangenehmsten Fragestellungen ist die, ob **die eigene Unternehmung genügend reif** ist, um erfolgreiches Outsourcing überhaupt zuzulassen. *„Das Wichtigste ist, ehrlich zu sich selbst zu sein.*[1]" Daran anknüpfend kann analysiert werden, was denn vorher noch alles an eigenen Hausaufgaben zu erledigen ist, um letztendlich mit einem Outsourcing-Vorhaben guten Mutes starten zu können. Vielleicht ist hier sogar der Blick von neutralen, außenstehenden Personen wie Beratern oder Experten ein wichtiger Input. Werden solche offenen Punkte erkannt, müssen sie „bearbeitet" werden. Hier kann ein Outsourcing-Vorhaben ohne weiteres zuerst einmal in eine Pause geschickt werden, um inzwischen die notwendigen Rahmenbedingungen herstellen zu können. Eine solche Unterbrechung wird definitiv gerade beim Management nicht gerne gesehen werden, umgekehrt muss dem Management aber auch klar sein, welche Risiken und Kosten(!) damit verbunden sind, wenn Outsourcing-Vorhaben aufgrund mangelnder Vorbereitung letztendlich scheitern.

5.1.5   Partnersuche

Abhängig von der Wahl der Outsourcing-Form und den Aufgaben, die ein Outsourcing-Nehmer übernehmen soll, kann sich die Suche nach potenziellen Partnern sehr stark unterscheiden. Ist es das Ziel, solche Partner in noch unbekannten Märkten zu suchen, ist zu überlegen, inwieweit man auch hier externe Unterstützung suchen soll. Je besser die eigenen Ziele und Bedürfnisse (Requirements) schon definiert wurden, umso zielgerichteter können bei der Suche potenzielle Partner angesprochen und mit diesen Requirements konfrontiert werden. Es sind bei der Suche nach kompetenten Service-Providern Termin- und Kostendruck zu beachten, trotzdem sollte versucht werden, zumindest **mehrere davon zu finden,** anzusprechen und entsprechende Angebote zu erhalten, um später wirklich auch zwischen mehreren Anbietern die am besten geeignete Lösung auswählen zu können.

5.1.6   Due Diligence und Verhandlungen

Die Kompetenzen der Anbieter müssen eingehend untersucht und hinterfragt werden. Dazu kommt die Frage, inwieweit die Anbieterseite auch gewillt ist, in die

---

[1] Nelson Mandela (1918–2013), Friedensnobelpreisträger.

Partnerschaft zu investieren und welche personelle, technische und Know-how Ausstattung schon vorhanden ist. Auch der **wirtschaftliche Hintergrund potenzieller Partner sollte durchleuchtet werden,** um die notwendige langfristige Stabilität gewährleisten zu können. Unternehmen können hier zunächst mit einem Fragenkatalog beginnen, der dann systematisch für jeden Anbieter abgearbeitet wird. Ein solcher Fragenkatalog kann mehr oder weniger direkt mit einer **Nutzwertanalyse** kombiniert werden, um sehr schnell eine einigermaßen objektive Übersicht zu erhalten und in einem weiteren Schritt dann eine kleinere Auswahl (Shortlist) an Kandidaten genauer unter die Lupe nehmen zu können. Fragekategorien könnten zum Beispiel sein:

• Alignment der strategischen Ziele zwischen Provider und Unternehmen,
• Referenzen bei ähnlichen Aufgaben,
• bisherige Erfahrungen, falls es schon einmal eine Zusammenarbeit gegeben hat,
• bisherige Unternehmensgeschichte des Providers,
• Know-how des Providers, Kapazitäten, Personalressourcen,
• technische Ausstattung und andere Rahmenbedingungen (z. B. Sprache).

Anbietern – die ja vielleicht schon einiges an Erfahrungen mit Projektmanagement-Outsourcing mitbringen – sollte auch der Raum für eigene Vorschläge eingeräumt werden. So kann deren Know-how evaluiert werden, und man lernt die Vorgangsweisen und Prozesse des jeweiligen Anbieters besser kennen.

Am Ende bedarf es einer eindeutigen Entscheidung für einen – oder mehrere, falls ein Multisourcing Szenario angestrebt wird – Anbieter. **Diese Entscheidung muss von allen maßgeblichen Entscheidungsträgern getragen** und später auch vertreten werden!

5.1.7 Gemeinsame Umsetzungsplanung

Sind die relevanten Entscheidungen einmal gefallen, ist die weitere Vorgangsweise zu planen. Dies geschieht am zweckmäßigsten gemeinsam mit dem/den Outsourcing-Partner(n). Hier sind nicht nur die einzelnen Aufgaben und die zeitlichen Abläufe zu berücksichtigen, es müssen ebenso die richtigen Informationsstrukturen geschaffen werden. Einerseits zwischen den Partnern aber auch innerhalb der eigenen Organisation müssen Informationen klar und eindeutig gesammelt und weitergegeben werden. Hier sind eindeutige Zuständigkeiten festzulegen. Ganz grundlegende Entscheidungen über die weitere Vorgangsweise – ob ein Big Bang oder kontinuierlicher Übergang erfolgen soll – müssen getroffen werden. Das Outsourcen von Projektemanagement-Aktivitäten kann **als Organisationsentwick-lungsprojekt interpretiert werden,** deshalb ist es sinnvoll, hier Personen in die Projektleitung zu integrieren, die mit solchen Projekten schon Erfahrung sammeln konnten.

5.1.8   Marketing und Information

Der Erfolg von organisatorischen oder prozessualen Veränderungen steht und fällt mit der Akzeptanz der Betroffenen. Entsprechend ist ein proaktives Zugehen auf die eigene Belegschaft und andere betroffene Stakeholder besonders wichtig. Hier muss teilweise mit sehr negativen Auswirkungen wie dem Abbau von Arbeitsplätzen oder der Verschiebung von Kompetenzen umgegangen werden. Überlegungen, wie im ein oder anderen Fall ein **Verlustausgleich** für die betroffenen Personen geschaffen werden kann, gehören angestellt. Auch hier ist teilweise das Management selbst gefordert, sich aktiv zu beteiligen und mit gutem Beispiel voranzugehen, um mitzuhelfen, innere Widerstände zu überwinden.

5.1.9   Schulung und Know-how Transfer

Gerade bei der sehr engen Verflechtung innerhalb der Projektmanagement-Prozesse ist die gemeinsame Abstimmung der unterschiedlichen Akteure wichtig. Ein gemeinsames Verständnis der übergeordneten Zusammenhänge ist notwendig und kann nur gut erfolgen, wenn das notwendige Wissen auch entsprechend verteilt ist. Das ist nicht unbedingt eine Einbahnstraße hin zum Service-Provider, sondern dessen Know-how muss in das beauftragende Unternehmen mit integriert werden. Dabei ist gerade im Aufbau einer Outsourcing-Beziehung ein **geplanter und strukturierter Austausch** wichtig. Der Outsourcing-Nehmer muss verstehen können, wie der Auftraggeber arbeitet, wie die Projektmanagementprozesse nicht nur gestaltet, sondern auch gelebt werden und er muss auch die Projektkultur des Kunden kennenlernen können, um daraus langfristig gute Services für den Kunden erbringen zu können. Umgekehrt muss das outsourcende Unternehmen die Vorgangsweisen und Bedürfnisse des Service-Providers kennen und verstehen lernen. Hier können Schulungen oder gemeinsame Workshops helfen, die Schnittstellenproblematik, die gerade am Beginn einen zentralen Punkt für das Funktionieren outgesourcter Prozesse darstellt, zu entschärfen. Kommt es in einem Outsourcing-Szenario zum Wechsel von Personal in Richtung Service-Provider, ist deren Integration aktiv zu begleiten.

5.1.10   Rollout

Kann es nach all diesen Vorbereitungen und Planungen dann endlich mit der eigentlichen Umsetzung losgehen, ist eine entsprechende **Management-Aufmerksamkeit** in dieser Phase besonders wichtig. Hier können auch paarweise Verantwortliche aus beiden Seiten gemeinsam den Rollout begleiten und bei Problemen sehr schnell und konzertiert eingreifen, um Problem zu adressieren und Lösungen zu suchen. Für Mitarbeiter und Mitarbeiterinnen ist es wichtig, in ihren Vorgesetzten kompetente Ansprechpartner zu finden, die auftretende Probleme aufgreifen und – wenn nicht anders möglich – auch konstruktiv eskalieren können.

In Big Bang Szenarien kann es sinnvoll sein, für die dann recht kurze Umstellungsphase so etwas wie eine Krisenfeuerwehr bereitzuhalten, die einerseits mit kompetenten und ebenso entscheidungsbevollmächtigten Personen – am besten von beiden Vertragspartnern – besetzt ist und anderseits vorher die Möglichkeit hatte, sich entsprechend vorzubereiten und zum Beispiel entsprechende Risikomanagementmaßnahmen setzen konnte.

Für kontinuierliche Einführungsszenarien können Arbeitsgruppen geschaffen werden, die die einzelnen Phasen oder Iterationen begleiten, Probleme aufgreifen und gemachte Erfahrungen in die nächsten Schritte einarbeiten.

5.1.11   Begleitung und Qualitätskontrolle

Auch oder gerade wenn Projektmanagementprozesse aus dem Unternehmen an Dritte outgesourct werden, braucht es laufende Überwachung und Qualitätskontrolle dieser Prozesse. Einerseits muss damit die Einhaltung der vertraglichen Vereinbarungen zwischen Outsourcing-Nehmer und Unternehmen und der angepeilte Nutzen sichergestellt werden, anderseits sind auch outgesourcte Prozesse ja nicht von laufender Qualitätssicherung und -verbesserung ausgenommen. Und genau hier gehört dann der **Mut dazu, Entwicklungen kritisch zu hinterfragen und wenn notwendig harte Konsequenzen klar zu ziehen.** Praktiziertes Outsourcing darf nicht als Ausrede „Da können wir nichts machen/ändern, das liegt nicht mehr in unserer Hand" verwendet werden. Fehler und Ungereimtheiten gehören aufgezeigt und behoben und nicht unter den Teppich gekehrt. Aber genau dafür sind eindeutige Verantwortlichkeiten festzulegen und wenn notwendig Rollen zu vergeben. In Unternehmen mit implementierten PMOs können diese Organisationseinheiten solche Aufgaben wahrnehmen, da sie meist ohnehin für Projektmanagement-Prozesse verantwortlich zeichnen (vgl. Ortner und Stur 2011, S. 41 f., 84 f.).

Es darf dabei nicht auf das entsprechende Empowerment dieser Funktionsträger vergessen werden.

5.1.12 Kontinuierliche Weiterentwicklung/-verbesserung

Langfristig muss an abgegebenen Prozessen genauso weitergearbeitet werden, wie an im eigenen Unternehmen implementierten Prozessen. Hier kann quasi im Team gemeinsam mit dem Service-Provider gearbeitet werden, und die Erfahrungen und Kompetenzen beider Seiten können in die langfristigen Verbesserungsprozesse einfließen. Gerade wenn man sich für einen kontinuierlichen Einführungsprozess entschlossen hat, werden solche Aktivitäten schon gemeinsam mit den ersten Auslagerungsschritten beginnen müssen. Mittel- und langfristig kann dann ein Mittelweg zwischen laufenden Verbesserungen auf der einen Seite und stabilen und für alle Beteiligten/Betroffenen klaren Prozessen und Schnittstellen auf der anderen Seite gefunden werden.

5.2 Hürden überwinden

> In einer Periode des Übergangs, in der wir viele Erfahrungen zum ersten Mal machen, sind Fehler und Fehlschläge unvermeidlich. (Nelson Mandela (1918–2013), Friedensnobelpreisträger)

Als Nelson Mandela diese Worte formuliert hat, hat er mit Sicherheit nicht an Projektmanagement oder Outsourcing-Entscheidungen gedacht. Trotzdem kann man die Problematik, die sich in diesem Feld auftut, wahrscheinlich nicht besser auf den Punkt bringen. Projektleiter und Projektleiterinnen sind in ihrer täglichen Arbeit immer mit Unsicherheiten, Unerwartetem, Neuem und Herausforderungen konfrontiert, insofern sollten Outsourcing-Überlegungen nicht von vorne herein als Abschreckung betrachtet werden.

Oft findet sich der Stein des Anstoßes bei Outsourcing-Überlegungen im wirtschaftlichen Umfeld eines Unternehmens. Stärkere Konkurrenz, Preisdruck, veränderte Rechtfertigungsbedingungen (z. B. quartalsweise Aktionärsinformationen) oder ein schneller Wandel bei Technologie und Know-how stimulieren solche Ideen gerade in der für den wirtschaftlichen Erfolg verantwortlichen Managementebene. Auf der anderen Seite schütteln viele Projektmanagementverantwortliche beim Gedanken an das Zukaufen von Projektmanagementleistungen einfach nur ungläubig den Kopf. In diesem Spannungsfeld gute Entscheidungen zu fällen, die dann auch einen langfristigen Nutzen für das Unternehmen stiften, ist also alles andere als trivial. Aber trotzdem gibt es Wege und Vorgangsweisen die – sinnvoll eingesetzt – helfen, ans Ziel zu kommen. Und gerade eine gute Projektmanagement Praxis hilft hier strukturiert, unter Einbeziehung der wichtigsten Betroffenen in geordneten Bahnen Schritt für Schritt voranzugehen.

Hürde Nr. 1: Das Management

Es klingt vielleicht ironisch, aber manchmal erweist sich „das Management" selbst mit zu spontanen und nicht zu Ende gedachten Entscheidungen einen Bärendienst bei solchen durchaus strategischen und langfristigen Entscheidungen. Dabei können einige recht simple Fragen an beteiligte Führungskräfte gestellt werden, um sie zunächst einmal auf die Situation vorzubereiten und genug Management Attention für ein solches Projekt zu bekommen.

- Die Aufgabe scheint zu Beginn komplex und für einige Beteiligte nutzlos. Sind wir bereit, gemeinsam – also auch mit aktiver Mitwirkung des Managements – strukturiert und gründlich daran zu arbeiten?
- Gibt es das Commitment der Unternehmensführung, die notwendigen Ressourcen (Personal, Zeit, Geld) für eine konstruktive Lösung zur Verfügung zu stellen?
- Kennen wir unser eigenes Unternehmen wirklich gut genug, um Prozesse Dritten erklären zu können?
- Sind wir bereit, notfalls zuerst im eigenen Haus Veränderungen bzw. Verbesserungen umzusetzen, um für ein späteres Outsourcing vorbereitet und fit zu sein?
- Hat das Management Klarheit darüber erlangt, welche Konsequenzen Outsourcing langfristig v. a. strategisch bedeutet?
- Was sind die Kriterien, die ein Outsourcing-Unterfangen zum Erfolg machen? Gibt es Fallback-Strategien, falls sich kein Erfolg einstellt?

Hürde Nr. 2: Die Projektleiterinnen und Projektleiter

Unter ihnen werden wahrscheinlich die meisten Stimmen laut, die meinen, Projektmanagement-Aktivitäten können auf keinen Fall an Dritte ausgelagert werden. Schließlich geht es hier um eigene Funktionen, eigene Verantwortung und unter Umständen sogar um den eigenen Job. Aber gerade wenn nur Teile des Projektmanagements nach außen vergeben werden sollen bzw. wenn wir über Outtasking sprechen und sehr viel Kontrolle und Verantwortung im Unternehmen verbleiben soll, kann man einige Fragen formulieren, die die Betroffenen mit ins Boot holen helfen:

- Würden Sie an einer Analyse der eigenen Projektmanagement Prozesse mitarbeiten, um den eigenen Arbeitsbereich nach ineffizienten, unnötigen oder ver-
besserungswürdigen Aktivitäten zu durchsuchen?
- Gibt es Aufgaben, die Sie selbst gerne an andere auslagern würden?
- Worauf sollten sich gute Projektleiterinnen und -leiter wirklich konzentrieren,
um einen guten Job machen zu können? Womit ließen sich mehr Ressourcen für
das eigentliche Leiten der Projekte freimachen?
- Gibt es schon jetzt Aufgaben, die wir immer wieder an Dritte übertragen?
- Kennen Sie Dritte bzw. haben Sie mit Dritten schon einmal zusammengearbei-
tet, denen Sie zutrauen, im Projektmanagement zukünftig sinnvolle Unterstützung leisten zu können?

Hürde Nr. 3: Der zukünftige Partner
Wo mit der Suche nach guten Outsourcing-Anbietern begonnen werden soll, ist für
Unternehmen, die erstmalig vor einer solchen Herausforderung stehen, eine auf
den ersten Blick nicht einfach zu beantwortende Frage. Hier kann man sich aber
ebenfalls einige Fragen stellen:

- Sind unter den bisherigen Lieferanten, Service Providern oder Partnern Unternehmen, die Projektmanagement oder Teile davon als Dienstleistung anbieten
oder entsprechenden Know-how besitzen?
- Gibt es in anderen Bereichen des Unternehmens (z. B. HR, Marketing, QM,
…) Dienstleistungen, die schon von Dritten erbracht werden und die auch für
bestimmte Projektmanagement-Aktivitäten interessant sind?
- Haben andere Unternehmen, mit denen wir zusammenarbeiten, schon Erfahrungen mit Outsourcing-Partnern? Welche Referenzen können dadurch gefunden
werden?
- Muss unbedingt ein Offshoring-Partner gefunden werden? Lokale (nahe) Anbieter können einfacher gefunden werden, es gibt weniger Sprach- und Kultur-
probleme und die Kommunikation kann einfacher gestaltet werden (richtiges
Risikomanagement).

Hürde Nr. 4: Die anderen Stakeholder
Nicht nur Projektleitungen werden davon betroffen sein, wenn Projektmanagement-
Aktivitäten zukünftig von Dritten übernommen werden. Auch viele andere Rollen
oder Funktionen können in einem Unternehmen von solchen Entscheidungen in
ihrer tagtäglichen Arbeit beeinflusst werden. Einerseits sind das z. B. diejenigen,
die für Projektportfolios oder Programme zuständig zeichnen. Unter Umständen
werden auch Teile ihrer Aktivitäten und Funktionen von Auslagerungsentschei-
dungen betroffen sein. Andererseits sind die Projektauftraggeber, Steuerungsgrup-

pen oder ähnliche Rollen mit den Aktivitäten von Service-Providern mehr oder weniger konfrontiert, wenn diese im Projektmanagement mitarbeiten. Sie alle sind auf qualitativ gute Ergebnisse und Leistungen der Dienstleister angewiesen, weil ihre Arbeit direkt oder indirekt auf diesen Inputs aufbaut. Will man auch hier vorab konstruktive Fragen formulieren, so könnten diese zum Beispiel lauten:

- Sind alle wichtigen und betroffenen Stakeholder ermittelt worden?
- Sind ihre Bedürfnisse und Erwartungen klar und in den Entscheidungsprozess integriert worden?
- Kann vielleicht sogar zusätzlicher Nutzen für diese Gruppe generiert werden?
- Oder kommt es zu Zielkonflikten?

Hürde Nr. 5: Die Rahmenbedingungen
Wie schon an verschiedenen Stellen besprochen, sind die Rahmenbedingungen für eine erfolgreiche Umsetzung von Outsourcing-Strategien ein ganz wichtiger Faktor. Zusammenfassend lassen sich folgende Fragen stellen:

- Wie gut funktionieren unsere Projektmanagement-Prozesse (wirklich)? Passt die betriebliche Realität zu den Vorgaben?
- Passt die organisatorische Struktur zu den Outsourcing-Bestrebungen? Sind wir organisatorisch reif genug? Funktionieren inner- und außerbetriebliche Schnittstellen?
- Stehen genug Ressourcen (v. a. Personal und Zeit) zur Verfügung, um das Vorhaben auch langfristig erfolgreich etablieren zu können (kontinuierliche Verbesserung)? Wer wird dafür langfristig zuständig sein?
- Welchen Stellenwert hat Know-how, der Wille zur Know-how Weitergaben oder der mögliche Know-how Abfluss im bzw. für das Unternehmen?
- Inwieweit eigenen sich unsere Kommunikationskanäle für die (enge) Zusammenarbeit mit einem Service-Provider im Projektmanagementkontext?

5.3 Vorteile bedenken, Nutzen generieren

> Einen Vorsprung im Leben hat, wer da anpackt, wo die anderen erst einmal reden. (J. F. Kennedy (1917–1963), US-amerikanischer Präsident)

Nachdem so viele Hürden besprochen wurden, sollte man die **Vorteile,** die schon das alleinige Befassen mit Outsourcing-Szenarien mit sich bringt, keinesfalls unterschätzen oder aus den Augen verlieren. Der **entstehende Nutzen,** der kommuniziert werden sollte, kann in sehr unterschiedlichen Bereichen generiert werden:

- Innerbetrieblicher Nutzen, durch das bessere Kennenlernen der eigenen **Prozesse und Projektmanagement-Reife.**
- Strategischer Nutzen, durch eine **Stärken/Schwächen-Analyse** des eigenen Unternehmens hinsichtlich des Projektmanagements und vielleicht auch der Organisationsstruktur.
- Nutzen aus dem Kennenlernen anderer **Projektmanagement-Ansätze und Best-Practices** bei der Beschäftigung mit potenziellen Outsourcing-Partnern.
- Auch wenn schlussendlich eine No-Go Entscheidungen gefällt wird, bleiben doch **Lessons Learned!**
- Potenziale für eine **kontinuierliche Weiterentwicklung** des Unternehmens auch außerhalb der Projektmanagement-Prozesse können erkannt werden.
- Potenziale für **Kosteneinsparungen** – die jedoch realistisch betrachtet werden sollten – werden identifiziert.
- Potenziale zum **besseren – effizienteren – Einsatz von Ressourcen,** die nur knapp vorhanden sind können aufgezeigt und genutzt werden.
- Werden erste Outsourcing- oder Outtasking-Schritte in Angriff genommen, können Schritt für Schritte **neue Erfahrungen** gesammelt werden und daraus mittel- bis langfristig so etwas wie Routine im Umgang mit der Auslagerung, aber auch mit der engen Zusammenarbeit mit Service-Providern entwickelt werden. Das kann zu einem sich kontinuierlich entwickelnden Prozess (evolving process) ausgebaut werden.

Die betriebliche Praxis zeigt, dass **viele Unternehmen** erste Schritte in Richtung der Auslagerung von Projektmanagement-Aktivitäten **schon begonnen** haben. Am häufigsten wurde dabei bisher versucht, das ganze Projektmanagement an externe Projektleiterinnen und Projektleiter auszulagern (vgl. Kreindl et al. 2012, S. 21). Passiert das nur fallweise, zum Beispiel, wenn gerade ein Engpass bei geeigneten Personalressourcen herrscht, kann man eigentlich nicht von Outsourcing oder Outtasking sprechen, hier würden eher Begriffe wie Personalleasing passender erscheinen. Aber eine solche gelegentliche Zusammenarbeit mit externem Projektpersonal kann ein erster Schritt dazu sein, zu überlegen, ob es Aufgaben im Rahmen des Projektmanagements gibt, die auch gut von Dritten – dauerhaft – übernommen werden können. Es können verschiedene Überlegungen eine Rolle spielen, bemerkenswert ist dabei aber, dass im Gegensatz zu anderen Outsourcing-Gebieten (etwa Produktion oder IT) der **Kostenaspekt im Projektmanagement nicht an erster Stelle** steht (vgl. Kreindl et al. 2012, S. 21), Ressourcenentlastung und spezifisches Know-how spielen in diesem Sektor eine wesentlichere Rolle als bei anderen Outsourcing-Entscheidungen. Auf jeden Fall darf nicht darauf vergessen werden, dass durch solche Entwicklungen auch ein **neuer Markt für entsprechende Dienstleistungen** entsteht. Dabei sind gerade beim Projektmanagement-Outsourcing nicht nur ferne Offshoring-Gebiete mit möglichst niedrigen Personalkosten bevorzugt, sondern es gibt gute **Chancen** für lokale oder im näheren Umfeld beheimatete Service-Anbieter, hier auf **einem wachsenden Markt für hochqualitative** und nicht unbedingt low-cost **Dienstleistungen** mit guten Angeboten Fuß fassen zu können.

Literatur

Brown, D., & Wilson, S. (2005). *The black book of outsourcing*. Hoboken: Wiley.

Dittrich, J., & Braun, M. (2004). *Business process outsourcing*. Stuttgart: Schäffer-Poeschel.

Hermes, H. –J., & Schwarz, G. (2005). *Outsourcing*. München: Rudolf Haufe.

Kreindl, E., Ortner, G., & Schirl, I. (2012). Outsourcing von Projektmanagement-Aktivitäten, Studie an der FH des bfi Wien. http://www.fh-vie.ac.at/Forschung/Publikationen/Studien/Outsourcing-von-Projektmanagement-Aktivitaeten. Zugegriffen: 1. Sept. 2014.

Ortner, G., & Stur, B. (2011). *Das Projektmanagement-Office*. Heidelberg: Springer.

Druck: KN Digital Printforce GmbH · Schockenriedstraße 37 · 70565 Stuttgart